快乐读书吧

读书笔记
彩图版

U0743116

张芳　主编

山海经

花山文艺出版社

河北·石家庄

图书在版编目（CIP）数据

山海经 / 张芳主编. -- 2 版. -- 石家庄 ：花山文艺出版社，2025. 4. （2025.5 重印）--（快乐读书吧 ：读书笔记彩图版）. -- ISBN 978-7-5511-7368-1

Ⅰ. K928.626

中国国家版本馆 CIP 数据核字第 2024AN7204 号

前言

从前，有座山……小时候好听的故事，好像都是这么开始的。夸父逐日、精卫填海、后羿射日这些经典的神话故事都出自一本叫作《山海经》的古籍。据说早在两千多年前的战国时代，就有"山海图"流行于世。那么，《山海经》到底是一本怎样的书呢？

《山海经》是中国上古文化的珍品，被誉为"天下第一奇书"。它记载了多种鸟兽虫鱼、神仙精怪、奇花异草、金石矿物、山川河海、宇宙星辰以及异国奇闻，开创了中国古代图文叙事的先河。

由于《山海经》是一部古籍，孩子们理解起来并不容易，所以我们在原文的基础上，编写了这本属于孩子的《山海经》。本书选取《山海经》中的相关段落，对鱼鸟的特异功能和异人、异兽的外貌，以及涉及的神话故事等进行了详细描述。

观山海，看世界。《山海经》就像一部远古生灵档案史，帮助我们了解中国神话传说的起源，了解已经消失的世界。此时，让我们备好行囊，准备出发，去探索山海中的奇人异兽吧。

目录

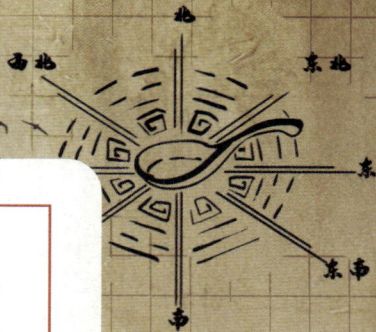

山的传说

《山经》分为《南山经》《西山经》《北山经》《东山经》《中山经》五个部分，所以《山经》又名《五藏山经》。《山经》主要叙述了山川河流、鸟兽鱼虫和地下矿物等的分布情况。

第一卷

南山经

《南山经》主要记载了位于中国南方的一系列山系，以及从山中流经的河水。山水环绕的地方土壤肥沃，在地下埋藏着丰富的矿物，在地上生活着一大群神奇的精灵。

招摇山

【原文】

南山之首曰䧿 (què) 山。其首曰招摇之山，临于西海之上。多桂，多金玉。有草焉，其状如韭而青华，其名曰祝余，食之不饥。有木焉，其状如榖 (gǔ)①而黑理，其华四照，其名曰迷榖，佩之不迷。有兽焉，其

2

状如禺 (yú)②而白耳，伏行人走，其名曰狌（xīng）狌，食之善走。丽麂（jǐ）③之水出焉，而西流注于海，其中多育沛，佩之无瘕（jiǎ）疾④。

【注释】

①榖：构树，亦称"构""楮"。

②禺：古代中国传说中的一种猴。形似猕猴，赤目长尾。

③丽麂：传说中的水名。

④瘕疾：指蛊胀病。

【译文】

南方的首列山系叫作誰山山系。誰山山系的第一座山是招摇山，屹立在西海岸边。山上生长着许多桂树，又蕴藏着丰富的金属矿物和玉石。山中有一种草，形状像韭菜却开着青色的花朵，名字叫祝余，人吃了它就不会感到饥饿。山中又有一种树木，形状像构树，却呈现黑色的纹理，并且其光华照耀四方，名字叫迷榖，人佩戴着它的树枝就不会迷失方向。

山中还有一种野兽，样子像猕猴，却长着一对白色的耳朵，既能匍匐爬行，又能像人一样直立行走，名字叫狌狌，人吃了它的肉可以走得飞快。丽麂水从这座山发源，然后往西流

入大海，水中有许多叫作育沛的东西，人佩戴着它就不会生蛊胀病。

杻阳山

【原文】

　　又东三百七十里，曰杻阳之山，其阳^①多赤金，其阴^②多白金。有兽焉，其状如马而白首，其文如虎而赤尾，其音如谣^③，其名曰鹿蜀，佩^④之宜子孙。怪水出焉，而东流注于宪翼之水。其中多玄龟，其状如龟而鸟首虺（huǐ）^⑤尾，其名曰旋龟，其音如判木，佩之不聋，可以为^⑥底^⑦。

【注释】

　　①阳：山的南面。

　　②阴：山的北面。

　　③谣：歌谣。

　　④佩：穿戴。

　　⑤虺：毒蛇。

　　⑥为：治理。这里是医治、治疗的意思。

　　⑦底：这里与"胝"意思相同，就是手掌或脚底因长期摩擦而生的厚皮，俗称"老茧"。

【译文】

再往东三百七十里，有山名为杻阳山，山的南面蕴藏着丰富的赤金，山的北面蕴藏着丰富的白金。有一种野兽，样子如马，长着白色的脑袋。它身上的斑纹像是老虎纹，尾巴则是红色的，它的鸣叫声像是在吟唱歌谣一样，这种野兽名叫鹿蜀，人穿戴它的毛皮可以多子多孙。

怪水从这座山发源，然后向东流入宪翼水。水中有众多暗红色的龟，形貌像普通乌龟，却长着鸟一样的头和毒蛇一样的尾巴，名字叫旋龟，它的叫声像劈开木头时发出的响声，佩戴它，耳朵就不会聋，还可以治愈脚底老茧。

青丘山

【原文】

又东三百里，曰青丘之山，其阳多玉，其阴多青䨼（huò）①。有兽焉，其状如狐而九尾，其音如婴儿，能食人；食者不蛊（gǔ）②。

【注释】

　　①青䨼：青色的可做颜料的矿物。

　　②蛊：被蛊惑。

【译文】

　　再往东三百里，有山名为青丘山，山的南面蕴藏着丰富的玉石，山的北面蕴藏着丰富的青䨼。有一种野兽，长得像狐狸并有九条尾巴，发出的声音像婴儿的啼哭，会吃人。人如果吃了它的肉就可以不被邪魔蛊惑。

长右山

【原文】

　　东南四百五十里，曰长右之山，无草木，多水。有兽焉，其状如禺而四耳，其名长右，其音如吟①，见则其郡县②大水。

【注释】

　　①吟：呻吟。

　　②郡县：古代两级行政单位，大体相当于今天的省与县。

【译文】

　　往东南走四百五十里，有山名为长右山，山上没有花草树木，但是有很多流水。山上有一种野兽，长得像猴子，却生有四只耳朵，它的名字叫长右。它叫时发出的声音像人在呻吟，它在哪个地方出现，那个地方就会发洪水。

令丘山

【原文】

　　又东四百里，曰令丘之山，无草木，多火。其南有谷焉，曰中谷，条风①自是出。有鸟焉，其状如枭（xiāo）②，人面四目而有耳，其名曰颙（yú），其鸣自号也，见则天下大旱。

【注释】

　　①条风：也叫调风、融风，即春天的东北风。
　　②枭：通"鸮"，俗称猫头鹰，嘴和爪弯曲呈钩状，锐利，两眼长在头部的正前方，眼四周的羽毛呈放射状，周身羽毛大多为褐色，散缀细斑，稠密而松软，飞行时无声，在夜间活动。

【译文】

　　再往东四百里，有座令丘山，山上没有花草树木，到处是野火。山的南边有一峡谷，叫作中谷，东北风就是从这里吹出来的。

　　山中有一种鸟，形貌像猫头鹰，却长着一副人脸和四只眼睛，而且有耳朵，名字叫颙，它发出的叫声就是自身名字的读音，它一出现天下就会大旱。

鹿吴山

【原文】

　　又东五百里，曰鹿吴之山，上无草木，多金石①。泽更之水出焉，而南流注于滂（pāng）水②。水有兽焉，名曰蛊雕，其状如雕而有角，其音如婴儿之音，是食人。

【注释】

　　①金石：金属矿物和玉石。
　　②滂水：传说中的河流名称。

【译文】

　　再往东五百里，有座鹿吴山，山上没有花草树木，但有丰富的金属矿物和玉石。泽更水从这座山发源，然后向南流入滂水。水中有一种野兽，名字叫蛊雕，形貌像普通的雕，头上却长着角，发出的声音如同婴儿啼哭，是能吃人的。

发爽山

【原文】

又东五百里，曰发爽之山，无草木，多水，多白猿。泛水出焉，而南流注于渤海。

【译文】

再往东五百里，有山名为发爽山，山上没有花草树木，到处都是流水，还有很多白色的猿猴。泛水从这座山发源，然后向南流入渤海。

旄山

【原文】

又东四百里，至于旄山之尾，其南有谷，曰育遗，多怪鸟，凯风自是出。

【译文】

再往东四百里，便到了旄山的尾端，此处的南面有一山谷，叫作育遗，这里有着许多奇怪的鸟，南风就是从这里吹出来的。

祷过山

【原文】

东五百里，曰祷过之山，其上多金玉，其下多犀①、兕（sì）②，多象。有鸟焉，其状如鵁（jiāo）而白首、三足、人面，其名曰瞿（qú）如，其鸣自号也。浪水出焉，而南流注于海。其中有虎蛟③，其状鱼身而蛇尾，其音如鸳鸯，食者不肿，可以已痔。

【注释】

①犀：据古人说，犀的身子像水牛，头像猪头，蹄子好似象的蹄子，皮毛呈黑色，生有三只角，一只长在头顶上，一只长在前额上，一只长在鼻子上。它生性爱吃荆棘，往往因刺破嘴而口吐血沫。

②兕：据古人说，兕的身子也像水牛，皮毛呈青色，生有一只角，身体很重，大的有三千斤。

③虎蛟：传说中龙的一个种类。

【译文】

再往东五百里，有座祷过山，山上盛产金属矿物和玉石，山下到处是犀、兕，还有很多大象。山中有一种鸟，形貌像鸡，却是白色的脑袋，长着三只脚和人一样的脸，名字叫瞿如，它的鸣叫声就是自身名字的读音。

泿水从这座山发源，然后向南流入大海。水中有一种虎蛟，外形像普通的鱼，却拖着一条蛇的尾巴，它的叫声如同鸳鸯，吃了它的肉就能使人不生痈肿病，还可以治愈痔疮。

狸力

【原文】

有兽焉，其状如豚①，有距②，其音如狗吠（fèi），其名曰狸力，见则其县多土功③。

【注释】

①豚：猪。

②距：鸡爪。

③土功：指治水、筑城等工程。

【译文】

有一种野兽，形貌像小猪，有着一双鸡爪，叫声像是狗叫，它的名字叫狸力，它在哪个地方出现，哪个地方就会大兴土木工程。

品读与赏析

纵观《南山经》所记载的山系的首尾，它介绍了位于南方大地的众多山脉，以及以它们为中心的河流、动植物、矿物等的分布情况。这些山脉的走势是由西向东的，它们呈现出一种由内陆向海洋的递进态势。

读书笔记

第二卷

西山经

《西山经》主要记载了位于中国西部的一系列山系和发源于这些山的河流，还有那些在我们小时候就听过的神仙和他们不为人知的奇闻逸事。

华山 钱来山

【原文】

西山华山之首，曰钱来之山，其上多松，其下多洗石。有兽焉，其状如羊而马尾，名曰羬（qián）羊，其脂可以已腊①。

【注释】

①腊：皮肤干裂。

【译文】

西方山系的第一列山系是华山山系，其中的第一座山名为钱来山，山上有许多松树，山下有很多洗石。有一种野兽，形貌像普通的羊，长着马的尾巴，名字叫羬羊，它的油脂可以治疗皮肤干裂。

太华山

【原文】

又西六十里，曰太华之山①，削成而四方，其高五千仞（rèn）②，其广十里，鸟兽莫居。有蛇焉，名曰肥遗，六足四翼，见则天下大旱。

【注释】

①太华之山：现在陕西省境内的西岳华山。

②仞：古时八尺或七尺为一仞。

【译文】

再往西六十里，有座太华山，山势非常陡峭，就

像被刀削成的一样，呈四方形，山高五千仞，纵横十里，飞鸟和野兽无法在这座山里栖身。山中有一种蛇，名字叫肥遗，长着六只脚和四只翅膀，它一出现天下就会大旱。

竹山

【原文】

又西五十二里，曰竹山，其上多乔木，其阴多铁。竹水出焉，北流注于渭，其阳多竹箭，多苍玉。丹水出焉，东南流注于洛水，其中多水玉，多人鱼。有兽焉，其状如豚而白毛，毛大如笄（jī）①而黑端，名曰豪彘。（原文有节选）

【注释】

①笄：簪子。

【译文】

再往西五十二里，有山名为竹山，山上有许多乔木，山的北面蕴藏着丰富的铁。竹水从这座山发源，向北流入渭水，竹水的北岸有很多的小竹丛，还有许多青色的玉石。丹水也发源于这座山，向东南流入洛水，水中蕴藏着丰富的水晶石，还有很多人鱼。山中有一种野兽，形貌像小猪，却长着白色的毛，毛如簪子粗细，尖端呈黑色，名字叫豪彘。

钟 山

【原文】

又西北四百二十里，曰钟山。其子曰鼓，其状人面而龙身，是与钦䲹（péi）杀葆江于昆仑之阳，帝乃戮之钟山之东曰峪崖。钦䲹化为大鹗（è）①，其状如雕，而黑文白首，赤喙而虎爪，其音如晨鹄（hú）②，见则有大兵；鼓亦化为鵕（jùn）鸟，其状如鸱，赤足而直喙，黄文而白首，其音如鹄③，见则其邑④大旱。

【注释】

①鹗：也叫鱼鹰，头顶和颈后羽毛呈白色，有暗褐色纵纹，头后羽毛延长呈矛状。趾具锐爪，趾底遍生细齿，外趾能前后转动，适于捕鱼。

②晨鹄：鹗鹰之类的鸟。

③鹄：鸿鹄，即天鹅。脖颈很长，羽毛呈白色，鸣叫的声音洪亮。

④邑：这里泛指有人聚居的地方。

【译文】

再往西北四百二十里，有座钟山。钟山山神的儿子叫作鼓，鼓长着人的面孔和龙的身子，他曾和钦䲹联手在昆仑山南面杀死天神葆江，天帝因此将鼓与钦䲹诛杀在钟山东面一个叫崄崖的地方。

钦䲹化为一只大鹗，形貌像普通的雕却长有黑色的斑纹和白色的脑袋，以及红色的嘴巴和老虎一样的爪子，发出的声音如同晨鹄鸣叫，它一出现就有大的战争；鼓化为鵕鸟，形貌像鹞鹰，但长着红色的脚和直长的嘴，身上有黄色的斑纹，头却是白色的，发出的声音与鸿鹄的鸣叫声很相似，它在哪个地方出现，那个地方就会有旱灾。

泰器山

【原文】

又西百八十里，曰泰器之山。观水出焉，西流注于流沙。是多文鳐鱼，状如鲤鱼，鱼身而鸟翼，苍文而白首赤喙，常行西海，游于东海，以夜飞。其音如鸾鸡①，其味酸甘，食之已狂，见则天下大穰（ráng）②。

【注释】

①鸾鸡：传说中的一种鸟。

②穰：庄稼丰收。

【译文】

再往西一百八十里，有座泰器山。观水从这里发源，向西流入流沙。观水中有很多文鳐鱼，形貌像普通的鲤鱼，长着鱼的身子和鸟的翅膀，浑身长着青色的斑纹，却有白脑袋和红嘴巴，常常从西海游至东海，在夜间飞行。它发出的声音如同鸾鸡啼叫，它的肉味是酸中带甜，人吃了它的肉就可治好癫狂病，它一出现天下就会五谷丰登。

昆仑山

【原文】

西南四百里，曰昆仑之丘，是实惟帝之下都，神陆吾司之。其神状虎身而九尾，人面而虎爪；是神也，司天之九部^①及帝之囿（yòu）^②时。有兽焉，其状如羊而四角，名曰土蝼，是食人。有鸟焉，其状如蜂，大如鸳鸯，名曰钦原，蠚（hē）^③鸟兽则死，蠚木则枯。

【注释】

①九部：指天上九域的部界。

②囿：古代帝王畜养禽兽的园林。

③蠚：毒虫类的咬刺。这里用作动词，指用毒针刺。

【译文】

往西南四百里，有座昆仑山，这里其实是天帝在下界的都城，由天神陆吾掌管。这位天神长着老虎的身子却有九条尾巴，长着一副人的面孔却有老虎一样的爪子；这位天神，主管天上的九部和天帝苑囿的时节。山中有一种野兽，形貌像普通的羊却长着四只角，名字叫土蝼，是能吃人的。

山中有一种鸟，形貌像蜜蜂，大小与鸳鸯差不多，名字叫钦原，这种钦原鸟如果蜇其他鸟兽就会使它们死去，蜇树木就会使树木枯死。

玉 山

【原文】

又西三百五十里，曰玉山，是西王母所居也。西王母其状如人，豹尾虎齿而善①啸，蓬发戴胜②，是司天之厉及五残。

【注释】

①善：擅长。

②戴胜：有的学者认为是佩戴一种玉制的发饰，有的认为是戴着一种仪式性的鬼面具。

【译文】

再往西三百五十里，有座玉山，这里是西王母居住的地方。西王母的样子与人相似，却长着豹子一样的尾巴和老虎一样的牙齿，而且喜好啸叫，蓬松的头发上戴着玉制的发饰，是主管灾疫和刑杀的天神。

章莪山

【原文】

又西二百八十里，曰章莪之山，无草木，多瑶碧。所为甚怪。有兽焉，其状如赤豹，五尾一角，其音如击①石，其名曰狰。有鸟焉，其状如鹤，一足，赤文青质而白喙，名曰毕方②，其鸣自詨也，见则其邑有讹（é）火③。

【注释】

①击：敲击。

②毕方：传说是树木的精灵，形貌与鸟相似，羽毛呈青色，长着一只脚，不吃五谷。又传说是老父神，形貌像鸟，长有两只脚、一只翅膀，常常衔着火到人家里去制造火灾。

③讹火：怪火，像野火那样莫名其妙地烧起来。

【译文】

再往西二百八十里，有山名为章莪山，山上没有花草树木，却蕴藏着丰富的瑶、碧之类的美玉。山里经常出现一些奇异古怪的现象。

山中有一种野兽，形貌像赤豹，却长着五条尾巴和一只角，它发出的声音如同敲击石头的响声，名字叫㹨。山中有一种鸟，形貌像鹤一般，但只有一只脚，长着红色的斑纹和青色的羽毛，还有一张白嘴巴，名字叫毕方，它鸣叫的声音就是自身名字的读音，它在哪个地方出现，那个地方就会发生来源不明的火灾。

天神

【原文】

有天神焉，其状如牛，而八足二首马尾，其音如勃皇①，见则其邑有兵。

【注释】

①勃皇：人吹奏乐器时薄膜发出的声音。

【译文】

有天神住在山中，它的形貌像普通的牛，但却长着八只脚、两个脑袋并拖着一条马的尾巴，叫声如同人在吹奏乐器时薄膜发出的声音，天神在哪个地方出现哪里就有争端。

貜如

【原文】

有兽焉，其状如鹿而白尾，马脚人手而四角，名曰貜（jué）如①。

23

【注释】

①玃如：传说中的兽名。

【译文】

山中有一种野兽，形貌像普通的鹿，有白色的尾巴、马一样的脚蹄和人一样的手，长着四只角，名字叫玃如。

朱厌

【原文】

有兽焉，其状如猿，而白首赤足，名曰朱厌，见则大兵①。

【注释】

①大兵：发生大的战争。

【译文】

山中有一种野兽，形貌像普通的猿猴，头是白色的、脚是红色的，名字叫朱厌，它一出现就会发生大的战争。

举父

【原文】

　　有兽焉，其状如禺而文臂①，豹尾②而善投，名曰举父。

【注释】

　　①文臂：臂上有斑纹。
　　②豹尾：豹子一样的尾巴。

【译文】

　　山中有一种野兽，形貌像猿猴，臂上长有斑纹，有豹子一样的尾巴，擅长投掷，名字叫举父。

土蝼

【原文】

　　有兽焉，其状如羊而四角，名曰土蝼，是食人①。

【注释】

　　①食人：能吃人。

25

【译文】

山中有一种野兽，形貌像普通的羊，长着四只角，名字叫土蝼，它能吃人。

天狗

【原文】

有兽焉，其状如狸而白首，名曰天狗，其音如猫猫，可以御凶。

【译文】

山中有一种野兽，形貌像野猫，长着白色的脑袋，名字叫天狗，它发出的叫声与"猫猫"的读音相似，人饲养它可以避凶邪之气。

讙

【原文】

有兽焉，其状如狸，一目而三尾，名曰讙（huān），其音如夺①百声②，是③可以御凶，服之已瘅（dàn）④。

【注释】

　　①夺：赛过。

　　②百声：一百种动物叫的声音，泛指多种声音。

　　③是：通"饲"。

　　④已瘅：治好黄疸病。

【译文】

　　山中有一种野兽，形貌像野猫，长着一只眼睛和三条尾巴，名字叫谨，它发出的声音能赛过一百种动物叫的声音，饲养它可以避凶邪之气，人吃了它的肉就能治好黄疸病。

驳

【原文】

　　有兽焉，其状如马而白身黑尾，一角，虎牙爪[①]，音如鼓，其名曰驳（bó），是食虎豹，可以御兵[②]。

【注释】

　　①虎牙爪：有老虎那样的牙齿和爪子。

　　②御兵：抵御兵器的伤害。

【译文】

　　山中有一种野兽，形貌像马，长着白身子和黑尾巴，有一只角，以及老虎那样的牙齿和爪子，它的叫声如同击鼓，名字叫驳，是能吃老虎和豹子的，可以用它来抵御兵器的伤害。

孰湖

【原文】

　　有兽焉，其状马身而鸟翼，人面蛇尾，是好举人[①]，名曰孰湖。

【注释】

　　①举人：把人举起。

【译文】

　　山中有一种野兽，长着马的身子、鸟的翅膀、人的面孔和蛇的尾巴，它很喜欢把人举起来，名字叫孰湖。

鹌渠

【原文】

西四十五里，曰松果之山。濩（huò）水出焉，北流注于渭，其中多铜①。有鸟焉，其名曰鹌（tóng）渠，其状如山鸡，黑身赤足，可以已臁（báo）②。

【注释】

①铜：这里指可以提炼为精铜的天然铜矿石。

②臁：皮肤干裂。

【译文】

往西四十五里，有座松果山。濩水从这座山发源，向北流入渭水，其中多产铜。山中有一种鸟，名字叫鹌渠，形貌像野鸡，长着黑色的身子和红色的爪子，可以用来治疗皮肤干裂。

鸓鸟

【原文】

又西二百里，曰翠山，其上多棕楠（nán）①，其下多竹箭，其阳多黄金、玉，其阴多旄（máo）牛②、麢（líng）[3]、麝（shè）[4]。其鸟多鸓（lěi），其状如鹊，赤黑而两首、四足，可以御火。

【注释】

①楠：楠树。

②旄牛：牦牛。

③麢：同"羚"，即羚羊。形貌像羊而大一些，角圆锐，喜好在山崖间活动。

④麝：一种动物，分泌的麝香可作药用和香料用。

【译文】

再往西二百里，有座翠山，山上是茂密的棕树和楠树，山下到处是竹丛，山南面盛产黄金、玉石，山北面有很多牦牛、羚羊、香獐。山中的鸟大多是鸓鸟，形貌像喜鹊，却长着红黑色羽毛和两个脑袋、四只脚，人饲养它可以辟火。

品读与赏析

　　纵观西方第一列山系的首尾，每座山上都有许多奇珍异兽。在古人看来，每座山都有山神掌管，那些神秘的小动物就生活在丛林深处，直到被我们人类发现，总结编撰成如今的千古奇书《山海经》。

读书笔记

第三卷

北山经

《北山经》记载了位于中国北部的一系列山系和发源于这些山的河流，以及在这些山中生活的奇神异兽。

北岳山

【原文】

又北二百里，曰北岳之山，多枳、棘、刚木。有兽焉，其状如牛，而四角、人目、彘耳，其名曰诸怀，其音如鸣雁①，是食人。诸怀之水出焉，而西流注于嚣水，其中多鮨（yì）鱼，鱼身而犬首，其音如婴儿，食

32

之已狂。

【注释】

①其音如鸣雁：发出的声音如同大雁鸣叫。

【译文】

再往北二百里，有山名为北岳山，山上有很多枳树、酸枣树和檀树、柘树一类的树木。山中有一种野兽，形貌像牛，却长着四只角、人的眼睛、猪的耳朵，名字叫诸怀，它发出的声音如同大雁鸣叫，会吃人。

诸怀水从北岳山发源，然后向西流入嚣水，水中有很多鮨鱼，长着鱼的身子和狗的脑袋，发出的声音像婴儿啼哭，人吃了它的肉就能治愈疯癫病。

天池山

【原文】

又东北二百里，曰天池之山，其上无草木，多文石。有兽焉，其状如兔而鼠首，以其背飞①，其名曰飞鼠。

【注释】

①以其背飞：借助它背上的毛飞行。

【译文】

再往东北二百里，有山名为天池山，山上没有花草树木，蕴藏着丰富的带有花纹的石头。山中有一种野兽，形貌像兔子，脑袋像老鼠，它借助背上的毛飞行，名字叫飞鼠。

轩辕山

【原文】

又东北二百里，曰轩辕之山，其上多铜，其下多竹。有鸟焉，其状如枭而白首，其名曰黄鸟，其鸣自詨，食之不妒①。

【注释】

①妒：因别人比自己强而怨恨。

【译文】

再往东北二百里，有山名为轩辕山，山上蕴藏着丰富的铜，山下有许多竹子。山中有一种鸟，形貌像猫头鹰，却长着白色的脑袋，名字叫黄鸟，它发出的叫声便是它自身名字的读音，人吃了它的肉就能不生妒忌之心。

泰戏山

【原文】

又北三百里，曰泰戏之山，无草木，多金玉。有兽焉，其状如羊，一角一目，目在耳后，其名曰辣（dòng）辣，其鸣自詨。

【译文】

再往北三百里，有山名为泰戏山，山上没有花草树木，蕴藏着丰富的金属和玉石。山中有一种野兽，形貌像羊，却只有一只角和一只眼睛，它的眼睛长在耳朵后边，名字叫辣辣，它发出的叫声便是自身名字的读音。

乾山

【原文】

又北四百里，曰乾山，无草木，其阳有金玉，其阴有铁而无水。有兽焉，其状如牛而三足，其名曰獂（huán）[①]，其鸣自詨。

【注释】

①猨：传说中的野兽名。

【译文】

再往北四百里，有山名为乾山，山上没有花草树木，山的南面蕴藏着金属和玉石，山的北面蕴藏着铁，但没有水。

山中有一种野兽，形貌像牛，却长着三只脚，名字叫猨，它发出的叫声便是自身名字的读音。

耳鼠

【原文】

有兽焉，其状如鼠，而菟（tù）①首麋（mí）耳，其音如嗥（háo）②犬，以其尾飞③，名曰耳鼠，食之不睬（cǎi）④，又可以御百毒。

【注释】

①莬：通"兔"，兔子。

②噑：泛指野兽吼叫。

③以其尾飞：用（它的）尾巴飞行。

④瘕：腹部鼓胀病。

【译文】

山中有一种野兽，形貌像老鼠，长着兔子的脑袋和麋鹿的耳朵，发出的声音如同狗叫，用尾巴飞行，名字叫耳鼠，人吃了它的肉就不会得腹部鼓胀病，还可以躲避百毒之害。

足訾

【原文】

有兽焉，其状如禺而有鬣①，牛尾、文臂、马蹄（tí），见人则呼，名曰足訾（zī），其鸣自呼②。

【注释】

①鬣：某些兽类（如马、狮子等）颈上的长毛。

②其鸣自呼：它叫的声音就

是自身名字的读音。

【译文】

　　山中有一种野兽，形貌像猿猴，长着鬣毛，还有牛一样的尾巴、长满花纹的双臂、马一样的蹄子，它一看见人就呼叫，名字叫足訾，它发出的叫声就是自身名字的读音。

诸犍

【原文】

　　有兽焉，其状如豹而长尾，人首而牛耳，一目，名曰诸犍（zhū jiān），善吒（zhà）①，行则衔②其尾，居则蟠其尾。

【注释】

　　①吒：吆喝。

　　②衔：用嘴含着。

【译文】

　　山中有一种野兽，形貌像豹子，拖着一条长长的尾巴，还长着人一样的脑袋和牛一样的耳朵，只有一只眼睛，名字叫诸犍。诸犍喜欢吼叫，

行走时用嘴衔着尾巴，睡觉时将尾巴盘起来。

那父

【原文】

有兽焉，其状如牛而白尾，其
音如讥（jiào）^①，名曰那父。

【注释】

①讥：通"叫"，呼唤，大叫。

【译文】

山中有一种野兽,形貌像牛,拖着一条白色的尾巴,
发出的声音如同人在高声呼唤，名字叫那父。

窫窳

【原文】

有兽焉，其状^①如牛，而赤身、人面、马足，名曰
窫窳（yà yǔ），其音如婴儿，是食人。

【注释】

①状：形貌，样子。

【译文】

山中有一种野兽，形貌像牛，长着红色的身子、人的面孔、马的蹄子，名字叫窦窳，它发出的声音如同婴儿啼哭，能吃人。

狪

【原文】

有兽焉，其状如豹而文首①，名曰狪（yǎo）。

【注释】

①文首：脑袋上有花纹。

【译文】

山中有一种野兽，形貌像豹子，脑袋上有花纹，名字叫狪。

鹒

【原文】

有鸟焉，群居而朋飞，其毛如雌雉（zhì）①，名曰鹒（jiāo），其鸣自呼，食之已风②。

　　①雉：外形像鸡，雄的尾巴长，羽毛美丽，多为赤铜色或深绿色，有光泽；雌的尾巴稍短，灰褐色，善走，不能久飞。种类很多，都是珍禽，如血雉、长尾雉等。通称野鸡，有的地区叫山鸡。

　　②风：风痹病。

【译文】

　　山中有一种鸟，喜欢成群栖息，也喜欢结队飞行，它的羽毛与雌野鸡相似，名字叫鸡。它叫的声音便是自身名字的读音，人吃了它的肉就能治好风痹病。

象蛇

【原文】

　　有鸟焉，其状如雌雉，而五采以文，是自为牝（pìn）牡①，名曰象蛇，其鸣自詨。留水出焉，而南流注于河。其中有餡（xiàn）父之鱼，其状如鲋鱼，鱼首而彘身，食之已呕。

【注释】

①牝牡：牝，指雌性的鸟兽；牡，指雄性的鸟兽。

【译文】

　　阳山有一种鸟，形貌像雌野鸡，羽毛上有五彩斑斓的花纹，这种鸟是雄雌同体的，名字叫象蛇，它发出的叫声便是自身名字的读音。留水从这座山发源，然后向南流入黄河。水中生长着鲐父鱼，形貌像鲫鱼，长着鱼的头和猪的身子，人吃了它的肉可以治愈呕吐。

酸与

【原文】

　　有鸟焉，其状如蛇，而四翼、六目、三足，名曰酸与，其鸣自詨，见则其邑有恐①。

【注释】

①恐：害怕，畏惧。

【译文】

　　山里有一种鸟，形貌像蛇，却长有四只翅膀、六只眼睛、三只脚，名字叫酸与，它发出的叫声便是自

身名字的读音，它在哪个地方出现，哪个地方就会发生使人惊恐的事情。

人鱼

【原文】

又东北二百里，曰龙侯之山，无草木，多金玉。决决之水出焉，而东流注于河。其中多人鱼，其状如鯑（tí）鱼①，四足，其音如婴儿，食之无痴疾。

【注释】

①鯑鱼：鲵鱼。

【译文】

再往东北二百里，有座龙侯山，山上不生长花草树木，有丰富的金属矿物和玉石。决决水从这座山发源，然后向东流入黄河。水中有很多人鱼，形貌像鯑鱼，长有四只脚，发出的声音像婴儿哭啼，吃了它的肉就能使人不得疯癫病。

品读与赏析

　　《北山经》主要记述了山海以北的北岳山等山。这些山中蕴藏丰富的金属和玉石，山中的动物、植物众多。正是因为这些动、植物的加入，山海世界变得丰富起来。

读书笔记

第四卷

东山经

《东山经》记载了位于中国东部的一系列山系和发源于这些山的河流，以及在这些山中生活的奇神异兽。

枸状山

【原文】

又南三百里，曰枸状之山①，其上多金玉，其下多青碧石②。有兽焉，其状如犬，六足，其名曰从从，其鸣自詨。有鸟焉，其状如鸡而鼠毛③，其名曰蚩（zī）鼠，见则其邑大旱。

【注释】

①枸状之山：枸状山，在今山东省境内。

②青碧石：青绿色的石头。

③毛：一说应作"尾"。

【译文】

再往南三百里，是枸状山，山上有丰富的金属和玉石，山下有丰富的青碧石。

山中有一种野兽，形貌像狗，却长着六只脚，名字叫从从，它发出的叫声便是自身名字的读音。山中

有一种鸟，形貌像鸡，却长着老鼠的毛，名字叫蜚鼠，它在哪个地方出现，那个地方就会有大旱灾。

卢其山

【原文】

又南三百里，曰卢其之山，无草木，多沙石。沙水出焉，南流注于涔（cén）水，其中多鵹（lí）鹕（hú），其状如鸳鸯而人足，其鸣自詨，见则其国多土功。

【译文】

再往南三百里，有座卢其山，山上没有花草树木，到处是沙子、石头。沙水从这座山发源，向南流入涔水，水中有很多鵹鹕鸟，形貌像鸳鸯，却长着人一样的脚，发出的叫声便是它自身名字的读音，它在哪个国家出现，那个国家就会大兴土木。

跂踵山

【原文】

又南水行五百里，流沙五百里，有山焉，曰跂踵之山。有鱼焉，其状如鲤①，而六足鸟尾，名曰鲐（gé）鲐之鱼，其鸣自詨。

【注释】

①鲤：鲤鱼。体侧扁而长，背部呈苍黑色，腹部呈黄白色，有的尾部或全身呈红色，口边有须两对。

【译文】

再往南走五百里水路，有一片流沙，再走五百里路，有一座山，叫作跂踵山。水中有一种鱼，形貌像鲤鱼，却有六只脚和鸟一样的尾巴，名叫鲐鲐鱼，它发出的叫声便是它自身名字的读音。

泰 山

【原文】

又南三百里，曰泰山，其上多玉，其下多金。有兽焉，

其状如豚而有珠，名曰狪（tóng）狪，
其鸣自詨。

【译文】

　　再往南三百里，有山名为泰山，山上蕴藏着丰富
的玉石，山下蕴藏着丰富的黄金。山中有一种野兽，
形貌与小猪相似，体内有珠子，名字叫狪狪，它发出
的叫声便是自身名字的读音。

太山

【原文】

　　又东二百里，曰太山，上多金玉、贞木。有兽焉，
其状如牛而白首，一目而蛇尾，其名曰蜚（fěi），行
水则竭[1]，行草则死，见则天下大疫。

【注释】

　　[1]竭：干涸。

【译文】

　　再往东二百里，有山名为太山，
山上蕴藏着丰富的金属和玉石，还有
茂密的女贞树。山中有一种野兽，样

子像牛，却长着白色的脑袋、一只眼睛和蛇一样的尾巴，名字叫蜚。它行经有水的地方，水就会干涸，行经有草的地方，草就会枯死，它一出现，天下就会发生大瘟疫。

姑逢山

【原文】

又南三百里，曰姑逢之山，无草木，多金玉。有兽焉，其状如狐而有翼，其音如鸿雁，其名曰獙 (bì) 獙，见则天下大旱。

【译文】

再往南三百里，有山名为姑逢山，山上没有花草树木，蕴藏着丰富的金属和玉石。山中有一种野兽，形貌像狐狸，却有翅膀，发出的声音像大雁鸣叫一样，名字叫獙獙，它一出现天下就会发生大旱灾。

𪄀雀

【原文】

有鸟焉，其状如鸡而白首①，鼠足而虎爪，其名曰𪄀（qí）雀，亦食人。

【注释】

①白首：这里指白色的头。

【译文】

（北号）山中有一种鸟，形貌像鸡却长着白色的脑袋、老鼠一样的脚和老虎一样的爪子，名字叫𪄀雀，也是能吃人的。

絜钩

【原文】

有鸟焉，其状如凫（fú）①而鼠尾，善登木②，其名曰絜（xié）钩（gōu），见则其国多疫。

【注释】

①凫：野鸭子。

②登木：爬树。

【译文】

山中有一种鸟，形貌像野鸭子却长着老鼠一样的尾巴，擅长爬树，名字叫絜钩，它在哪个国家出现，哪个国家就会发生瘟疫。

品读与赏析

《东山经》向大家介绍了山海以东的山。这里有孕育宝珠的小猪、六只脚的鱼和长着翅膀的狐狸。这些动物虽然形态各异，却能和谐地生活在这里，这真是一件神奇的事情。

读书笔记

第五卷

中山经

《中山经》记载了位于中国中部的一系列山系和发源于这些山的河流，以及在这些山中生活的奇神异兽，如阳山的化蛇，还有居住在和山能带来吉祥的泰逢。

阳山

【原文】

又西三百里，曰阳山，多石，无草木。阳水出焉，而北流注于伊水。其中多化蛇，其状如人面而豺[1]身，鸟翼而蛇行[2]，其音如叱（chì）呼，见则其邑大水。

【注释】

①豺：一种凶猛的动物，比狼小一些，体色一般是棕红色，尾巴的末端是黑色，腹部和喉部是白色。

②蛇行：蜿蜒曲折地伏地爬行。

【译文】

再往西三百里，有座阳山，山上到处是石头，没有花草树木。阳水从这座山发源，然后向北流入伊水。水中有很多化蛇，它们有着人的面孔，长着豺一样的身子、鸟一样的翅膀，却像蛇一样爬行，发出的声音如同人的呵斥声，它在哪个地方出现，那个地方就会发生水灾。

青要山

【原文】

又东十里，曰青要之山，实惟帝之密都。魒(shén)①武罗司之，其状人面而豹文，小要②而白齿，而穿耳以镰③，其鸣如鸣玉。

【注释】

①魑：一说指"神"，一说为号令
百鬼的神仙。

②要：通"腰"。

③鐻：金银做成的耳环。

【译文】

再往东十里，有山名为青要山，实际上是天帝的
密都。山神武罗掌管着这里，这位神长着人的面孔，
身上长着豹的斑纹，有细腰和洁白的牙齿，耳朵上戴
着金银做成的耳环，她说话的声音就像玉石彼此撞击
的声音。

和　山

【原文】

又东二十里，曰和山，其上无草木而多瑶碧，实
惟河之九都。吉神泰逢司之，其状如人而虎尾，是好
居于萯 (fù) 山①之阳，出入有光。泰逢神动天地气也。

【注释】

①萯山：一名东首阳山。在今河南巩义市北，黄河南岸。

【译文】

再往东二十里，有山名为和山，山上没有花草树木，然而蕴藏着丰富的瑶、碧等美玉，这里实际上是黄河的九条水源所交汇的地方。

吉神泰逢主管这座山，他的形貌像人，却长着虎一样的尾巴，喜欢住在䨙山的南面，出入时都有亮光。泰逢这位吉神能兴起风云。

姑媱山

【原文】

又东二百里，曰姑媱（yáo）之山。帝女死焉，其名曰女尸，化为䕛（yáo）草，其叶胥（xū）成①，其华黄，其实如菟丘②，服之媚于人③。

【注释】

①胥成：相互重叠。胥，相互，皆。成，重叠。

②菟丘：菟丝子，一年生寄生草本植物，茎缠绕，黄色，纤细，无叶，种子可药用。

③媚于人：这里指女子以美色讨人欢心。媚，有意讨人喜欢。

【译文】

再往东二百里，有座姑媱山。天帝的女儿就死在这座山上，她的名字叫女尸，死后化作了䔉草，这种草的叶子都是一层一层相互重叠的，花朵是黄色的，果实与菟丝子的果实相似，女子服用了能变得妖媚，讨人喜爱。

洞庭山

【原文】

又东南一百二十里，曰洞庭之山^①。其上多黄金，其下多银铁，其木多柤、梨、橘、櫾（yòu），其草多葌、蘪芜^②、芍药、芎䓖。帝之二女^③居之，是常游于江渊。澧沅^④之风，交潇湘^⑤之渊，是在九江^⑥之间，出入必以飘风暴雨。是多怪神，状如人而载^⑦蛇，左右手操蛇。多怪鸟。

【注释】

①洞庭之山：指君山，在今湖南岳阳西的洞庭湖中。与今江苏吴中西太湖中的洞庭山为同名异山。

②蘪芜：一种香草，可以入药。

③帝之二女：指传说中尧之二女娥皇、女英。两人都是舜的妻子，即屈原在《九歌》中所称的"湘君""湘夫人"。

④澧沅：注入洞庭湖的两条河流。澧水在今湖南西北部，源出桑植北。沅水在湖南西部，源出贵州斗篷山。

⑤潇湘：湘江与潇水的并称，今指湘江。

⑥九江：此指注入洞庭湖的沅、湘等数条河流。九代表多数，不一定是实指。

59

⑦载：这里是缠绕的意思。

【译文】

再往东南一百二十里，有座洞庭山。山上多出产黄金，山下多出产银和铁，这里的树木以柤树、梨树、橘子树、柚子树居多，而草以兰草、麋芜、芍药、芎䓖居多。

尧的两个女儿住在这座山里，她俩常在长江的深渊中游玩。从澧水和沅水吹来的清风，交汇在幽清的湘江渊潭上，这里正是多条江水汇合的中心，她俩出入时都有旋风暴雨相伴随。

洞庭山中住着很多怪神，形貌像人，但身上缠绕着蛇，左右两只手也握着蛇。这里还有许多怪鸟。

霍山

【原文】

又北四十里，曰霍山。有兽焉，其状如狸，而白尾有鬣，名曰朏（fěi）朏，养之可以已忧。

【译文】

再往北四十里，有山名为霍山。山中

有一种野兽，样子像野猫，却长着白色的尾巴，脖子上有鬃毛，名字叫朏朏，人饲养它可以消除忧愁。

苦 山

【原文】

又东二十里，曰苦山。有兽焉，名曰山膏，其状如豚，赤若丹火，善詈（lì）①。

【注释】

①詈：辱骂。

【译文】

再往东二十里，有山名为苦山。山中有一种野兽，名字叫山膏，样子像小猪，身上红得像一团火，喜欢骂人。

敖岸山

【原文】

中次三经萯山之首，曰敖岸之山。有兽焉，其状如白鹿而四角，名曰夫诸，见则其邑大水。

【译文】

中央第三列山系叫萯山山系，它的第一座山是敖岸山。山中有一种野兽，样子像白鹿，却长着四只角，名字叫夫诸，它在哪个地方出现，那里就会发生水灾。

雍和

　　有兽焉，其状如猿（yuán），赤目、赤喙（huì）、黄身，名曰雍和，见则国有大恐。

63

【译文】

　　山中有一种野兽，形貌像猿猴，长着红眼睛、红嘴巴、黄色的身子，名字叫雍和，它在哪个国家出现，哪个国家就会发生大恐慌。

鲜山

【原文】

　　又西三百里，曰鲜山，多金玉，无草木。鲜水出焉，而北流注于伊水。其中多鸣蛇，其状如蛇而四翼，其音如磬（qìng）①，见则其邑大旱。

【注释】

　　①磬：古代打击乐器。用石或玉制成，形如曲尺，悬于架上，用木槌击奏。单一的叫特磬，成套的叫编磬。

【译文】

　　再往西三百里，有座鲜山，山里有丰富的金属矿物和玉石，但不生长花草树木。鲜水从这座山发源，然后向北流入伊水。水中有很多鸣蛇，形貌像一般的蛇却长着四只翅膀，叫声如同敲磬的声音，它在哪个地方出现，哪个地方就会发生旱灾。

复州山

【原文】

又西二十里，曰复州之山，其木多檀（tán），其阳多黄金。有鸟焉，其状如鸮，而一足彘尾，其名曰跂（qǐ）踵（zhǒng），见则其国大疫。

【译文】

再往西二十里，有座复州山，这里的树木以檀树居多，山南面有丰富的黄金。山中有一种鸟，形貌像猫头鹰，却长着一只脚和猪一样的尾巴，名字叫跂踵，它在哪个国家出现，哪个国家就会发生大瘟疫。

瑶碧山

【原文】

又东六十里，曰瑶碧之山，其木多梓（zǐ）楠，其阴多青雘（huò），其阳多白金。有鸟焉，其状如雉，恒食蜚（fěi）①，名曰鸩（zhèn）。

【注释】

①蜚：一种有害的小飞虫，身形椭圆，散发恶臭。

【译文】

再往东六十里，有座瑶碧山，这里的树木以梓树和楠树最多，山北面盛产青䨼，山南面盛产白银。山中有一种鸟，形貌像一般的野鸡，常吃蜚虫，名字叫鸩。

品读与赏析

《中山经》介绍了阳山、瑶碧山等山的地貌特征。山中生活着许多神兽，它们性格各异，都拥有特殊的生存技巧。我们的祖先发现了它们，并记录了下来。

读书笔记

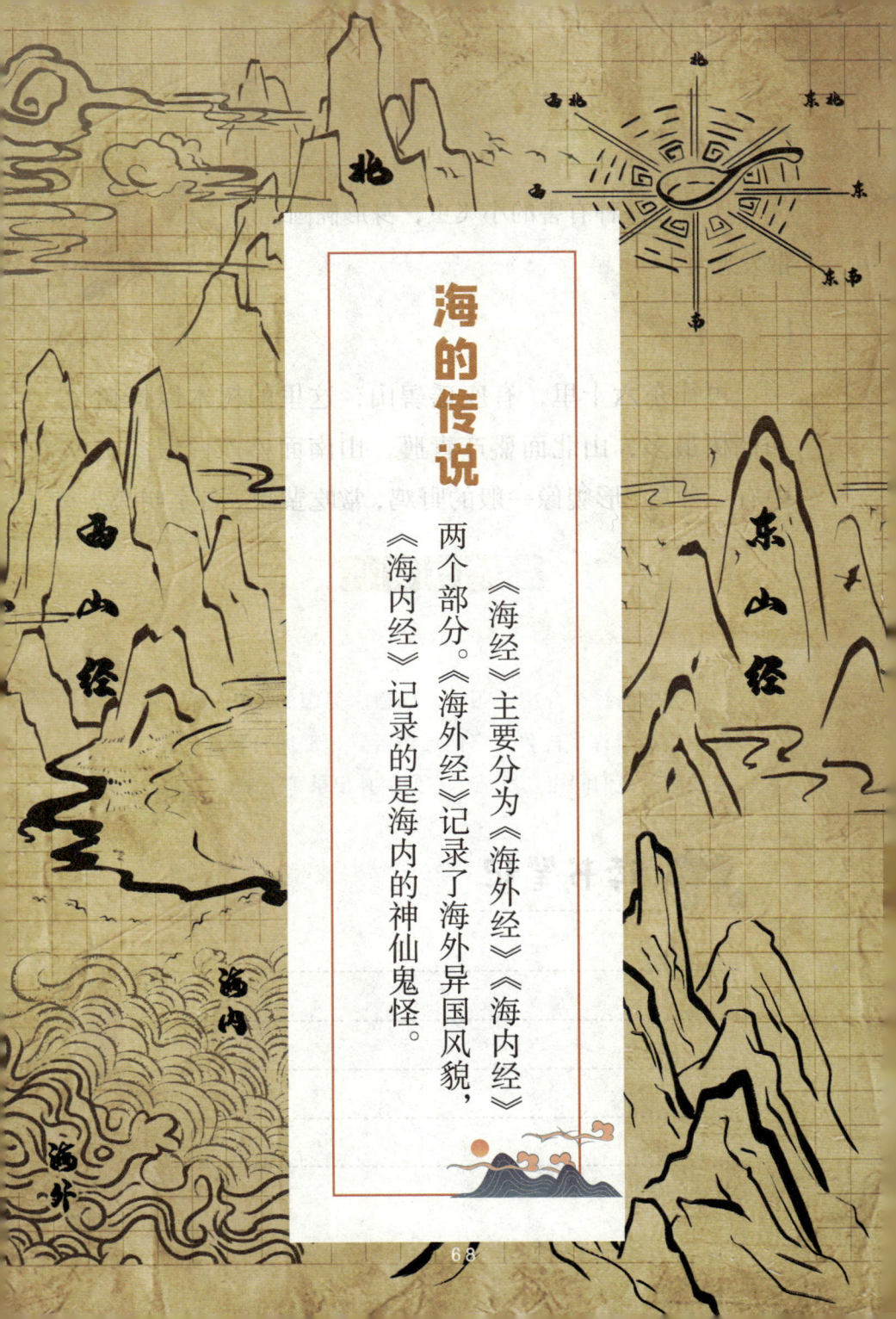

西山经

东山经

海内

海外

海的传说

《海经》主要分为《海外经》《海内经》两个部分。《海外经》记录了海外异国风貌，《海内经》记录的是海内的神仙鬼怪。

第六卷

海外南经

我们从这一卷就开始讲述《山海经》中海上异兽的奇闻逸事，"海外"就是指古代中国中心区域之外尚未开化或未被人充分了解的偏远地区。从羽民国开始，我们开启了以国家为视角的讲述，了解《山海经》里的神奇国度。

贯匈国

【原文】

贯匈①国在其②东，其为人匈有窍③。一曰在载 (zhí) 国东。

【注释】

①贯匈：贯胸，又称"穿胸"。

②其：这里的"其"指的是三毛国，在赤水的东方，那里的人都彼此跟随，结伴行走。

③窍：窟窿，孔洞。

【译文】

贯匈国在三毛国的东边，那里的人胸膛上都有个洞。另一种说法认为，贯匈国在载国的东边。

周饶国

【原文】

周饶国在其①东，其为人短小，冠带②。一曰焦侥（yáo）国③在三首东。

【注释】

①其：这里的"其"指的是三首国，这个国家的人都是一个身体、三个头。

②冠带：这里都作动词用，即戴上冠帽，系上衣带。

③焦侥国：传说此国的人只有三尺高。而"焦侥""周饶"都是"侏儒"之转声。侏儒是指身材异常矮小的人。

【译文】

周饶国在三首国的东面，那里的人身材矮小，人人都戴着冠帽、系着衣带。另一种说法认为，焦侥国在三首国的东面。

长臂国

【原文】

长臂国在其①东，捕鱼水中，两手各操②一鱼。一曰在焦侥东，捕鱼海中。

【注释】

①其：这里的"其"指的是周饶国，这个国家的人身

材矮小，人人都戴着冠帽、系着衣带。

②操：拿着。

【译文】

长臂国在周饶国的东面，那里的人在水中捕鱼，两只手各拿着一条鱼。另一种说法认为，长臂国在焦饶国的东面，那里的人是在大海中捕鱼的。

厌火国

【原文】

厌火国在其①南，其为人兽身黑色，火出其口中。一曰在讙（huān）朱东。

【注释】

①其：这里的"其"指的是讙朱国。

【译文】

厌火国在讙朱国的南边，那里的人都长着野兽一样的身

72

子，浑身黑色，能从口中喷出火来。另一种说法认为，厌火国在谨朱国的东边。

昆仑虚

【原文】

　　羿①与凿齿②战于寿华之野，羿射杀之。在昆仑虚东。羿持弓矢，凿齿持盾。一曰戈。

【注释】

　　①羿：神话传说中的天神。

　　②凿齿：传说是亦人亦兽的神人，有一颗牙齿露在嘴外，形状像一把凿子。

【译文】

　　羿与凿齿在寿华的郊外交战厮杀，羿射死了凿齿。那个地方就在昆仑山的东面。在那次交战中，羿手拿弓箭，凿齿手拿盾牌。另一种说法认为，凿齿拿着戈。

狄山

【原文】

狄山，帝尧①葬于阳。

【注释】

①尧：传说中的中国古代帝王。号陶唐氏，史称唐尧。在他死后，舜通过禅让制度继位。

【译文】

狄山，尧帝死后葬在它的南面。

姬昌

【原文】

狄山，帝尧葬于阳，帝喾（kù）①葬于阴。爰有熊、罴（pí）、文虎、蜼（wěi）、豹、离朱②、视肉③。呼咽④、文王⑤皆葬其所。一曰汤山。

【注释】

①帝喾：传说中的上古帝王。

②离朱：可能是神话传说中的三足乌。这种鸟在太阳

里，与乌鸦相似，但长着三只脚。

③视肉：传说中的一种怪兽，形貌像牛肝，有两只眼睛，割去它的肉，不长时间就又重新生长出来，完好如初。

④吁咽：可能指传说中的上古帝王虞舜。

⑤文王：周文王姬昌，是周朝开国君王。

【译文】

狄山，唐尧死后葬在这座山的南面，帝喾死后葬在这座山的北面。这里有熊、罴、花斑虎、长尾猿、豹子、三足乌、视肉。吁咽和文王也埋藏在这里。另一种说法认为狄山也叫汤山。

品读与赏析

　　《海外南经》介绍了贯匈国和厌火国等国的地理位置。在这些国家中有雄才伟略的帝王、凶猛的异兽和身怀绝技的神人。世界上存在着各种奇特的生物，我们应当怀着敬畏之心，去认识它们，了解这个神奇的世界。

读书笔记

第七卷

海外西经

《海外西经》讲的是从海上西南角到西北角的文明、物产和传说。

大乐野

【原文】

大乐（yuè）之野，夏后启①于此儛（wǔ）②《九代》，乘两龙，云盖三层。左手操翳（yì）③，右手操环，佩玉璜（huáng）④。在大运山北。一曰大遗之野。

【注释】

①夏后启：夏王启，传说是夏朝开国君主大禹的儿子，夏朝第二代国君。夏后，即夏王。

②儛：通"舞"。

③翳：用羽毛做的形状像伞的华盖。

④璜：一种半圆形玉器。

【译文】

大乐野，夏后启在这个地方跳起《九代》乐舞，乘驾着两条龙，飞腾在三重云雾之上。他左手握着一把羽毛做的华盖，右手拿着一只玉环，腰间佩戴着一块玉璜。

大乐野就在大运山的北面。另一种说法认为，夏后启跳乐舞的地方是大遗野。

奇肱国

【原文】

三身国在夏后启北，一首而三身。

一臂国在其北，一臂、一目、一鼻孔。有黄马，虎文①，一目而一手。

奇肱（gōng）之国在其北。其人一臂三目，有阴有阳，乘文马。有鸟焉，两头，赤黄色，在其旁。

【注释】

①虎文：虎身上的斑纹。

【译文】

三身国在夏后启领地的北面，这个国家的人都长着一个脑袋、三个身子。

一臂国在三身国的北面，这个国家的人都是一条

胳膊、一只眼睛、一个鼻孔。这个国家出产一种黄色的马，马身上有老虎一样的斑纹，长着一只眼睛和一只手。

奇肱国在一臂国的北面。那里的人长着一条胳膊和三只眼睛，眼睛分为阴阳，骑着有花纹的马。那里还有一种鸟，长着两个脑袋，红黄色的身子，栖息在人的身旁。

白民国

【原文】

白民之国在龙鱼①北，白身被发。有乘黄，其状如狐，其背上有角，乘之寿二千岁。

【注释】

①龙鱼：神话传说中的奇异动物。传说龙鱼是天神的

坐骑，天神常常骑着它遨游九野，巡行九州。

【译文】

　　白民国在龙鱼所在地的北面，那里的人都是白皮肤并披散着头发。这个国家有一种叫作乘黄的野兽，形状像狐狸，脊背上有角，骑上它的人就能活两千岁。

长股国

【原文】

　　长股之国在雒棠北，披发。一曰长脚。

【译文】

　　长股国位于雒棠树生长之地的北面，那里的人都披散着头发。另一种说法认为，长股国叫长脚国。

女子国

【原文】

　　女子国在巫咸北，两女子居，水周^①之。一曰居一门中。

【注释】

　　①周：环绕。

【译文】

　　女子国在巫咸国的北面，有两个女子居住在这里，有水环绕着四周。另一种说法认为她们住在一道门里面。

品读与赏析

在《海外西经》中，我们介绍了拥有雪白皮肤的白民国居民，让我们仿佛身处异世界。阅读神话，可以提高我们的想象力，丰富我们的精神世界。

读书笔记

第八卷

海外北经

《海外北经》中不仅记载了我们现在熟知的夸父逐日等神话传说，还记载了长着一只眼睛的居民等神人趣事。

众帝台

【原文】

共工之臣曰相柳氏，九首，以食于九山。相柳之所抵，厥①为泽溪。

【注释】

①厥：通"掘"，挖掘。

84

【译文】

天神共工的臣子叫相柳氏，有九个头，九个头分别在九座山上吃食物。相柳氏经过之处，便会被挖掘成沼泽和溪流。

夸父

【原文】

夸父与日逐走，入日。渴欲得饮，饮于河渭，河渭不足，北饮大泽。未至，道渴而死。弃其杖，化为邓林。

【译文】

夸父与太阳赛跑，一直追赶到太阳落下的地方。他感到口渴，想要喝水，就到黄河、渭河喝水，黄河、渭河的水不够喝，他又想去北方的大湖喝水。还没赶到大湖，就半路渴死了。他遗弃的手杖，化成了桃林。

一目国

【原文】

一目国在其^①东，一目中其面而居。

【注释】

①其：这里的"其"指的是钟山。

【译文】

一目国在钟山的东面，那里的人只有一只眼睛，长在脸的中间。

柔利国

【原文】

柔利国在一目东，为人一手一足，反膝①，曲足居上②。一云留利之国，人足反折③。

【注释】

①反膝：膝盖反着长。

②曲足居上：足弓长在脚背上，脚尖上翘。

③反折：向反方向弯折。

【译文】

柔利国在一目国的东面，那里的人只有一只手一只脚，膝盖反着长，足弓长在脚背上，脚尖上翘。另一种说法认为柔利国叫作留利国，国中人的脚是反折着的。

品读与赏析

　　《海外北经》介绍了夸父逐日等神话故事。《山海经》是一部充满神奇色彩的著作，内容无奇不有。也许你小时候听过的故事、崇拜的神话英雄，都能在这里找到。这本书能让我们更加了解神奇的中国。

读书笔记

_____

_____

_____

_____

_____

_____

_____

_____

_____

_____

_____

第九卷

海外东经

《海外东经》中记载了海外东边国家的地理位置和物产、民俗传说等。例如长着九条尾巴的九尾狐，还有全身长毛的毛民人。

青丘国

【原文】

青丘国在其①北，其人食五谷，衣丝帛。其狐四足九尾。

【注释】

①其：这里的"其"指的是天吴，中国上古神话中的水神。

【译文】

青丘国在天吴水神居住之地的北面，那里的人吃五谷，穿丝帛。那里有一种狐狸，长着四只爪子和九条尾巴。

毛民国

【原文】

毛民之国在其①北，为人身生毛。

【注释】

①其：这里的"其"指的是玄股国，国中的人大腿是黑色的，喜欢吃海鸥。

【译文】

毛民国在玄股国的北面，那里的人全身长满了毛。

竖亥

【原文】

帝命竖亥步，自东极至于西极，五亿十选①九千八百步。竖亥右手把算②，左手指青丘北。

【注释】

①选：万。

②算：通"筭"，算筹，古代计数用的器物。

【译文】

天帝命令竖亥用脚步测量大地的长度，从最东端走到最西端，共五亿十万九千八百步。竖亥右手拿着算筹，左手指着青丘国的北面。

句芒

【原文】

东方句（gōu）芒①，鸟身人面，乘两龙。

【注释】

①句芒：神话中掌管东方的木神。

【译文】

东方之神叫句芒，长着鸟的身体和人的面孔，乘着两条龙。

品读与赏析

　　《海外东经》里的神话传说不仅展现了古人对其他民族的独特想象，也记录了中华民族早期对外交流的情况。通过阅读《山海经》，我们会更加了解中国神话的形成，了解我们的祖先是如何看待这个世界的。

📖 读书笔记

第十卷

海内南经

你知道人鱼的传说吗？《海内南经》中就有氐人国的人鱼的相关记录。这些古老的文字向我们透露了这些传说的秘密。

氐人国

【原文】

氐（dǐ）①人国在建木②西，其为人人面而鱼身，无足。

【注释】

①氐：传说中的古国名。

②建木：上古先民崇拜的一种圣树。传说建木是沟通天地人神的桥梁。伏羲、黄帝等众帝都是通过这种圣树往来于人间和天庭的。在四川广汉三星堆遗址中出土的青铜神树上，有枝叶、花卉、果实、飞禽、走兽、悬龙、神铃等，专家认为，这种神树的原型有可能就是建木。

【译文】

氐人国在建木所在地的西面，那里的人都长着人的面孔、鱼的身子，没有脚。

旄马

【原文】

旄马，其状如马，四节有毛。在巴蛇西北，高山南。

【译文】

旄马，长得像普通的马，四条腿的关节上都有毛。旄马在巴蛇的西北方，高山的南边。

氾林

【原文】

氾林方三百里，在狌狌东。

【译文】

氾林方圆三百里，在猩猩生活之地的东方。

苍梧山

【原文】

苍梧之山①，帝舜葬于阳，帝丹朱葬于阴。

【注释】

①苍梧之山：苍梧山，山名，又叫九嶷山，在今湖南宁远南。

【译文】

苍梧山，帝舜死后葬在它的南面，帝丹朱死后葬在它的北面。

品读与赏析

　　《山海经》中记载了埋葬古代帝王舜的位置，这是古人敬畏生命、珍惜生命的体现。人的生命只有一次，我们要懂得和平生活的来之不易。通过阅读神话，我们理解生命的意义，发现生活中的美好。

读书笔记

第十一卷

海内西经

《海内西经》记载了许多古老的民族，其中就有黄帝的玄孙后稷的相关记录，他是周朝王族的始祖，曾经被尧举为"农师"，教人民耕种。让我们走进他的故事，一起来了解一下吧。

后稷

【原文】

后稷（jì）①之葬，山水环②之。在氐国③西。

【注释】

①后稷：姬姓，名弃，黄帝玄孙，帝喾嫡长子，母姜嫄，

尧舜时期为掌管农业之官，周朝始祖。

②环：环绕，包围。

③氏国：氏人国。

【译文】

后稷死后所埋葬的地方，被山水环绕着。在氏人国的西边。

品读与赏析

《海内西经》记载的地域大致在今西北地区往西至西域之间。这些有趣的神话故事、性格各异的人物都带给我们奇特的体验，让我们的精神世界充满丰富的想象。

读书笔记

第十二卷

海内北经

我们在《海内北经》中可以看到拥有蛇的身体和人的五官的异人以及长着翅膀，模样像老虎的神兽穷奇。这些有趣而神秘的生物都分布在这一篇章中。

鬼国

【原文】

鬼国在贰负①之尸②北，为物人面而一目。一曰贰负神在其东，为物人面蛇身。

【注释】

①贰负：古代神话传说中跑得最快的神，人面蛇身，是人蛇合体的图腾，喜杀戮，后来成为武官的象征。

②尸：尸体，这里指神尸，天神陨落后留下的尸体。

【译文】

鬼国在贰负神尸体所在地的北边，鬼国人长着人的面孔，却只有一只眼睛。另一种说法认为，贰负神在鬼国的东面，他长着人的面孔、蛇的身子。

穷奇

【原文】

穷奇状如虎，有翼，食人从首始，所食被发。在蜪犬北。一曰从足。

【译文】

穷奇长得像老虎，长有翅膀，吃人是从人的头开始吃的，被吃的人都是披散着头发的。穷奇在蜪犬的北方。另一种说法认为，穷奇吃人是从人的脚开始吃的。

林氏国

【原文】

　　林氏国①有珍兽，大若虎，五采②毕具③，尾长于身，名曰驺 (zōu) 吾，乘之日行千里。

【注释】

　　①林氏国：国名，一说又称林胡、林戎，大约在今河北北部一带。

　　②五采：指青、赤、白、黑、黄五种颜色。"采"同"彩"。

　　③毕具：齐全，完全具备。

【译文】

　　林氏国有一种珍奇的野兽，大小与老虎差不多，身上有五种颜色的斑纹，尾巴比身子长，叫作驺吾，骑上它可以日行千里。

神女

【原文】

舜妻登比氏生宵明、烛光，处河大泽，二女之灵能照此所方①百里。一日登北氏。

【注释】

①方：方圆。

【译文】

舜的妻子登比氏生育了宵明、烛光，她们都住在黄河边的大泽里，两位神女的灵光能够普照方圆百里的地方。还有一种说法认为舜的妻子叫登北氏。

夷人国

【原文】

东胡①在大泽②东。夷③人在东胡东。

【注释】

①东胡：中国东北的古老游牧民族。自商代初年到西汉，东胡存在了大约一千三百年。

②大泽：大湖沼，大薮泽。

③夷：古代东方部族善于使用弓箭，也以"夷"代指东方部族。

【译文】

东胡国在大泽的东面。夷人国在东胡国的东面。

品读与赏析

　　《海内北经》向我们讲述了众多国家和地区，让我们了解了数千年前上古世界的奇珍异兽、人文风俗等。阅读这些有趣的故事，学习我们的中国文化，会让我们更加热爱我们的祖国。

读书笔记

第十三卷

海内东经

《海内东经》记载了沿海一带从东北至南方的山川河流、神奇人物以及各地物产。例如矗立在海中的琅邪台。

明组邑

【原文】

明组邑①居海中。蓬莱山②在海中。大人之市在海中。

【注释】

①明组邑：传说中的一个海岛部落。

②蓬莱山：传说中的海外仙山。

【译文】

　　明组邑生活在海岛上。蓬莱山位于海中。大人贸易的集市在海中。

琅邪台

【原文】

　　琅邪台在渤海间，琅邪之东。其北有山。一曰在海间。

【译文】

　　琅邪台位于渤海与海岸之间，在琅邪的东方。琅邪台的北方有座山。另一种说法认为，琅邪台在海中。

都州

【原文】

　　都州在海中。一曰郁州。

【译文】

　　都州在海里。另一种说法认为，都州应叫作郁州。

姑射国

【原文】

列姑射（yè）在海河州中。

姑射国在海中，属^①列姑射；西南，山环之。

【注释】

①属：隶属。

【译文】

列姑射在大海的河州上。

姑射国在海中，隶属列姑射；高山环绕着它的西南部。

大燕国　盖国

【原文】

钜燕在东北陬。

盖国在钜燕南，倭北。倭属燕。

【译文】

大燕国在海内的东北角。

盖国在大燕国的南面，倭国的北面。倭国隶属于燕国。

陵鱼

【原文】

陵鱼人面，手足，鱼身，在海中。

【译文】

陵鱼长着人的面孔，而且有手有脚，却是鱼的身子，生活在海里。

品读与赏析

《海内东经》中的那些神奇的人物和传说为我们的中华文化添上一抹鲜艳的色彩，让我们更加热爱我们的国家，喜爱中国的历史，为祖国而自豪。

读书笔记

大荒的传说

山海之外有大荒，《大荒经》主要分为《大荒东经》《大荒南经》《大荒西经》《大荒北经》《海内经》五个部分，主要记录了一些重要的神话资料。如颛顼、黄帝等君王的光辉事迹。其中《大荒经》还对许多国家一一记其方位、国名，兼记其族姓、人物形象以及风土传说，记述尽管简单，但已具备后世对四方边远地区认识的雏形。

第十四卷

大荒东经

《大荒东经》中所记载的神话人物都有自己的生活方式。他们会如何生活呢？请继续阅读这本书吧。

颛顼

【原文】

东海之外大壑①，少昊之国。少昊孺②帝颛顼于此，弃其琴瑟。

【注释】

①壑：山沟或大水坑。

②孺：通"乳"，用乳汁喂养。引申为抚育、养育。

【译文】

东海以外有一道非常大的沟壑，是少昊建国的地方。少昊就在这里将颛顼帝抚养成人，颛顼幼年操练过的琴瑟还丢在沟壑里。

羲 和

【原文】

东南海之外，甘水之间，有羲和之国①。有女子名曰羲和，方浴日于甘渊②。羲和者，帝俊之妻，生十日。

【注释】

①羲和之国：羲和国，国名。

②甘渊：渊名。

【译文】

在东南海的外边，甘水之间，有一个国家名叫羲和国。国中有一个女子，名叫羲和，她正在甘渊中给太阳洗澡。羲和，是帝俊的妻子，她生了十个太阳。

龙伯

【原文】

有波谷山者，有大人之国。有大人之市，名曰大人之堂①。有一大人踆（cūn）②其上，张其两臂。

【注释】

①大人之堂：一说是山名，一说是用于交易的堂屋。

②踆："蹲"的古字。

【译文】

有一座波谷山，山里有大人国。还有大人们做买卖的集市，名叫大人堂。有一个大人国国民正蹲在集市上，张开他的两只手臂。

女丑

【原文】

海内有两人，名曰女丑①。女丑有大蟹。

【注释】

①女丑：女丑之尸，是一个女巫。

【译文】

海里有两个神，其中一个名叫女丑。女丑有一只听使唤的大螃蟹。

壎民国

【原文】

有壎①民之国。有綦（jī）山②。又有摇山。有䴢（zèng）山。又有门户山。又有盛山。又有待山。有五采③之鸟。

【注释】

①壎：同"埙"。

②綦山：山名。

③采：同"彩"，颜色。

【译文】

有个国家叫埙民国。国境内有綦山。又有摇山。有醮山有又门户山、盛山、待山。还有一群五彩缤纷的鸟。

女和月母国

【原文】

有女和月母之国。有人名曰鹓（yuān）①——北方曰鹓，来风曰狭（yǎn）——是处东极隅以止②日月，使无相间出没，司其短长。

【注释】

①鹓：中国古代传说中类似凤凰的鸟。这里指传说中的人名。

②止：这里指控制。

【译文】

有个国家叫女和月母国。有一个神名叫鹓，北方人称作鹓，从那里吹来的风称作狻，他在大地的东北角以便控制太阳和月亮，防止它们交相错乱地出没，掌握它们升起落下时间的长短。

品读与赏析

《大荒东经》中的神话人物都有自己特殊的使命。令人印象最深的就是海神女丑。远古的文明是在不断变化中慢慢形成的，我们要了解这些文化以及一个国家的文明是如何形成的。

读书笔记

_____

_____

_____

_____

_____

_____

第十五卷

大荒南经

《大荒南经》记载的位置大概位于中国南方，这里有掌管风的神明因因乎和身材矮小的菌人，他们都曾生活在这片美丽的土地上。

因因乎

【原文】

有神名曰因因乎—南方曰因乎，来风曰乎民，处南极以出入风。

【译文】

有一位名叫因因乎的神，南方人称他为因乎，从他那边吹来的风称作乎民，因因乎在大地的最南端掌管风的出入。

菌人

【原文】

有盖犹之山者，其上有甘柤，枝干皆赤，黄叶，白华，黑实。东又有甘华，枝干皆赤，黄叶。有青马，有赤马，名曰三骓（zhuī）。有视肉①。有小人，名曰菌人。

【注释】

①视肉：古代传说中的兽名。

【译文】

有一座盖犹山，山上有一种甘柤树，枝条和茎干都是红色的，叶子是黄色的，花朵是白色的，果实是黑色的。在此山的东面还有一种甘华树，枝条和茎干都是红色的，叶子是黄色的。有青色的马，有红色的马，名叫三骓。还有叫作视肉的怪兽。有一种身材矮小的人，名字叫菌人。

季禺国

【原文】

又有成山，甘水穷①焉。有季禺（yú）②之国，颛（zhuān）顼（xū）③之子，食黍（shǔ）④。有羽民之国，其民皆生毛羽。有卵民之国，其民皆生卵。

【注释】

①穷：这里是尽头的意思。

②季禺：古代传说中的国名。

③颛顼：上古时期的部落联盟首领之一。被后世尊为"帝"，列入"五帝"。据《史记》记载，颛顼为黄帝之孙，昌意之子。颛顼因辅佐少昊有功，被封于高阳。在神话传说中被神化为北方天帝，又称黑帝或玄帝。

④黍：一种草本植物。去壳后就是黄米，煮熟后有黏性，可以酿酒、做糕。

【译文】

又有座山叫成山，甘水最终流到这里。有个国家叫季禺国，国民是颛顼的后裔，以黄米为食。

还有个国家叫羽民国，那里的人都身长羽毛。又有个国家叫卵民国，那里的人都产卵。

品读与赏析

身材矮小的菌人居住在盖犹山上，他们自得其乐，虽然身体与常人不同，却依旧坚强地生活着。生命是可贵的，独特的人生经历更是一种对自我的考验和认识。

读书笔记

第十六卷

大荒西经

《大荒西经》记载的地理位置大约在我国的西部，那里是中华文明的起源，例如后稷降百谷，指出了农业的起源和发展。

淑士国

【原文】

西北海之外，大荒之隅①，有山而不合，名曰不周②，有两黄兽守之。有水曰寒暑之水③。水西有湿山，水东有幕山。有禹攻共工国山④。有国名曰淑士，颛顼之子。

【注释】

①隅：角落。

②不周：不周山，传说中的山名。据传共工与颛顼争权时，怒触不周山，造成天崩地裂。

③寒暑之水：指冷水和热水交替涌出的泉水。

④禹攻共工国山：指禹杀共工之臣相柳氏的地方。

【译文】

在西北海以外，大荒的一个角落，有一座山因断裂而无法合拢，名叫不周山，有两头黄色的野兽守护着它。有一条河流名叫寒暑之水。寒暑之水的西面有一座湿山，寒暑之水的东面有一座幕山。还有一座禹攻共工国山。有个国家名叫淑士国，这里的人是颛顼帝的子孙后代。

西周国

【原文】

有西周之国，姬姓，食谷。有人方耕①，名曰叔均②。帝俊生后稷，稷降以百谷。稷之弟曰台玺(xǐ)，

生叔均。叔均是代其父及稷播百谷，始作耕。

【注释】

①方耕：正在耕田。也指建立部落。

②叔均：本名姬均，"叔"字放在名字前，或表示尊敬，或表示长幼次序。他是帝喾之孙、台玺之子，与父亲一起被周王尊为先祖。

【译文】

有一个西周国，这里的人们姓姬，以谷米为食。有个人正在耕田，他的名字叫叔均。帝俊生了后稷，后稷把各种谷物的种子从天上带到人间。后稷的弟弟叫台玺，台玺生了叔均。叔均代替父亲和后稷播种各种谷物，并开始创造耕田的方法。

寒荒国

【原文】

有寒荒之国。有二人女祭①、女蔑（miè）②。

【注释】

①女祭：女巫的名字。

②女蔑：女巫的名字。

有个寒荒国。这里有两个人，分别叫女祭、女薎。

女娲

【原文】

有神十人，名曰女娲（wā）之肠①，化为神，处栗广之野，横道②而处。

【注释】

①女娲之肠：女娲的肠子。女娲，中国上古神话中的创世女神。又称娲皇、女阴，史记女娲氏，是华夏民族人文先始，是福佑社稷之正神。

②横道：拦住道路。

有十个神人，名叫女娲之肠，他们是女娲的肠子
变化成的，在叫作栗广的原野上，他们就像肠子一样
拦断道路而居住。

太子长琴

【原文】

祝融生太子长琴①，是处榣山，始②作乐风。

【注释】

①太子长琴：颛顼后代祝融的儿子。

②始：最初。

【译文】

祝融生的太子长琴，住在榣山上，是最初创作乐曲的人。

黄帝

【原文】

有轩辕之台，射者不敢西乡，畏①轩辕之台。

【注释】

①畏：敬畏。

【译文】

有座轩辕台，射箭的人都不敢向着西方射，因为他们敬畏黄帝的威灵。

125

常曦

帝俊妻常羲，生月十二，此始浴之。

【译文】

帝俊的妻子常羲，生了十二个月亮，这才开始给月亮洗澡。

126

鱼妇

【原文】

有鱼偏枯[①]，名曰鱼妇，颛顼死即复苏。风道北来，天乃大水泉，蛇乃化为鱼，是为鱼妇。颛顼死即复苏。

【注释】

①偏枯：半边干枯。

【译文】

有一种一侧身体干枯的鱼，名叫鱼妇，据说是颛顼死后苏醒过来变化而成的。大风从北方吹来，泉水

被风从地下吹了出来，蛇在这时变为鱼，这就是鱼妇。颛顼趁这个时候把生命寄托在鱼里。

品读与赏析

在《大荒西经》中，我们了解到了农业的发展。中国自古以来就是农业大国，我们对土地有很深的感情。珍惜粮食，珍惜别人的劳动成果，是我们应有的良好品德。

读书笔记

第十七卷

大荒北经

《大荒北经》记载了很多特别的动物和神，例如长着老虎脑袋的疆良，以谷米为食的儋耳人。他们都身怀绝技，顽强地生活在那个野蛮的远古时代。

疆良

【原文】

大荒之中，有山名曰北极天柜，海水北注焉。有神，九首人面鸟身，名曰九凤。又有神，衔①蛇操蛇，其状虎首人身，四蹄长肘，名曰疆良。

【注释】

①衔：用嘴含着。

【译文】

在大荒中，有一座山名叫北极天柜，海水从北面灌注到这里。有一位神，他长着九个脑袋、人的面孔、鸟的身子，名叫九凤。又有一位神，他嘴里衔着蛇，手中拿着蛇，长着老虎的脑袋、人的身体，有四只蹄子和长长的臂肘，名叫疆良。

始州国

【原文】

有始州之国，有丹山。有大泽方千里，群鸟所解。

【译文】

有一个始州国，国中有一座丹山。有一片大泽方圆千里，是各种鸟类脱去旧羽毛再生新羽毛的地方。

儋耳国

【原文】

有儋 (dān) 耳①之国，任姓②，禺号子，食谷。

【注释】

①儋耳：古族名。

②任姓：黄帝赐封的十二个基本姓氏之一，是一个十分古老而又具有光荣传统的姓氏。

【译文】

有一个国家叫儋耳国，那里的人都姓任，是禹号的后裔，以谷米为食。

品读与赏析

《大荒北经》之中记载的儋耳国的"任"姓，是被黄帝赐封的十二个基本姓氏之一，是一个十分古老的姓氏，也证明了当时儋耳国势力的强大，让我们感受到民族旺盛的生命力和强大的生存意志。不管身处哪个时代，我们都要尊重历史，拥有永不言败的坚强意志。

读书笔记

第十八卷

海内经

《海内经》的记载比较杂乱，海内各个方位的地理、物产、部族都有所涉及。在叙述过东海之内的朝鲜之后，立即就跳到了西海的壑市，之后又记载了流沙周围的国家。《海内经》还记载了南方的地理风物和山川河流。

巴国

【原文】

西南有巴国①。大皞（hào）②生咸鸟，咸鸟生乘厘，乘厘生后照，后照是始为巴人。

【注释】

①巴国：据考古发掘，巴国地区文化发端于 200 万年前的旧石器时代早期，先民们世世代代在湖北、四川的土地上生息繁衍。

②大暤：传说中的上古帝王；一作太暤，又作太昊，是东夷部族与华夏部族的祖先和首领。

【译文】

西南方有一个巴国。大暤生了咸鸟，咸鸟生了乘厘，乘厘生了后照，而后照就是巴国人的始祖。

钉灵国

【原文】

有钉灵之国，其民从膝以下有毛，马蹄，善走。

【译文】

有一个钉灵国，这里的人膝盖以下的腿部都长着毛，长着马的蹄子，善于奔跑。

素女

【原文】

西南黑水之间，有都广之野，后稷葬[1]焉。其城方三百里，盖[2]天地之中，素女所出也。

【注释】

①葬：埋葬。

②盖：由上往下覆，遮掩。

【译文】

在西南黑水流经的地区，有个地方叫都广野，后稷就埋葬在这里。它的疆域方圆三百里，是天和地的中心，素女便出现在这里。

鲧

【原文】

黄帝生骆明，骆明生白马，白马是为鲧[1]。

【注释】

①鲧：相传是大禹的父亲。

山海经

【译文】

　　黄帝生了骆明，骆明生了白马，这白马就是鲧。

番禺

【原文】

　　帝俊生禺（yú）号，禺号生淫梁，淫梁生番（pān）禺，是始为舟[①]。番禺生奚仲，奚仲生吉光，吉光是始以木为车。

【注释】

　　[①]为舟：发明制造船。

【译文】

　　帝俊生了禺号，禺号生了淫梁，淫梁生了番禺，番禺发明制造了船。番禺生了奚仲，奚仲生了吉光，吉光开始用木头制造车。

帝俊八子

【原文】

　　帝俊有子八人，是始为歌舞[①]。

大荒的传说

【注释】

①始为歌舞：创造歌舞。

【译文】

帝俊有八个儿子，他们创造了舞蹈。

朝 鲜

【原文】

东海之内，北海之隅（yú），有国名曰朝鲜①。

【注释】

①朝鲜：就是现在朝鲜半岛上的朝鲜和韩国。

【译文】

在东海以内，北海的一个角落，有个国家名叫朝鲜。

137

天毒国

【原文】

天毒^①，其人水居，偎（wēi）人爱人。

【注释】

①天毒：天竺国，也就是现在的印度。

【译文】

有一个国家叫天毒，那里的人傍水而居，对人怜悯慈爱。

壑市国

【原文】

西海之内，流沙^①之中，有国名曰壑（hè）市。

【注释】

①流沙：可以流动的沙。古指中国西北的沙漠地区。

【译文】

在西海以内，流沙的中央，有个国家名叫壑市国。

氾叶国

【原文】

西海之内，流沙之西，有国名曰氾①叶。

【注释】

①氾：有版本也作"泛"。

【译文】

在西海以内，流沙的西边，有个国家名叫氾叶国。

幽冥国

【原文】

北海之内，有山，名曰幽都之山，黑水①出焉。其上有玄鸟、玄蛇、玄豹、玄虎、玄狐蓬尾。有大玄之山。有玄丘之民。有大幽②之国。有赤胫（jìng）③之民。

【注释】

①黑水：古称褒水，又有山河、乌龙江、黑龙江之称，元代一度称紫金河，明代称褒谷水。《水经注》：（黑）

水出北山，南流入汉。

②大幽：幽冥。指地下，阴间。这里特指传说中的古国名。

③赤胫：红色的小腿。

【译文】

在北海之内有一座山叫幽都山，这座山就是黑水的源头。山上有黑色的鸟、黑色的蛇、黑色的豹、黑色的虎、黑色的大尾巴狐狸。有座大玄山，有玄丘民，有一个大幽国。那里的子民小腿都为红色。

品读与赏析

《山海经》是一部想象力超凡的神话著作，它既是人文、自然地理的知识宝库，又是中国神话寓言的集大成之作。我们希望朋友们能够喜欢这些故事，更加理解我们的中华传统文化。

读书笔记

快乐读书吧

张芳　主编

希腊神话故事

花山文艺出版社
河北·石家庄

图书在版编目（CIP）数据

希腊神话故事 / 张芳主编. -- 2版. -- 石家庄：花山文艺出版社，2025. 4.（2025.5重印）--（快乐读书吧：读书笔记彩图版）. -- ISBN 978-7-5511-7368-1

Ⅰ. I545.73

中国国家版本馆 CIP 数据核字第 2024GV8161 号

书　　名：**快乐读书吧：读书笔记彩图版**
KUAILE DUSHU BA : DUSHU BIJI CAITU BAN

分 册 名：**希腊神话故事**

主　　编：**张　芳**

责任编辑：王安迪
装帧设计：小红帆
美术编辑：王爱芹
出版发行：花山文艺出版社（邮政编码：050061）
　　　　　　（河北省石家庄市友谊北大街 330 号）
销售热线：0311-88643299/96/17/34
印　　刷：河北远涛彩色印刷有限公司
经　　销：新华书店
开　　本：880 毫米 ×1230 毫米　　1/32
印　　张：13.5
字　　数：333 千字
版　　次：2025 年 4 月第 2 版
　　　　　2025 年 5 月第 2 次印刷
书　　号：ISBN 978-7-5511-7368-1
定　　价：78.00 元（全三册）

前言

古希腊神话是古希腊人在公元前十二世纪至公元前八世纪，经过几百年的创作和积累而形成的。而《希腊神话故事》则是在古希腊神话的基础上进行编著的，它出自德国作家施瓦布之手。话说到这里，请让我介绍一下作者古斯塔夫·施瓦布。古斯塔夫·施瓦布是十九世纪德国浪漫主义诗人，他1792年出生于斯图加特，曾经做过牧师与教师。他把古希腊神话和传说重新整理与编排，编著了这本《希腊神话故事》。这些经典的神话传说，也成为历代诗人、作家、艺术家取之不尽用之不竭的创作源泉，成为学者、历史学家研究的对象。它们早已渗入人们生活的各个领域，并持续发生影响。

《希腊神话故事》虽然是一本神话故事，却有极大的魅力。本书选取了其中的精彩的事例。从赫拉克勒斯、普罗米修斯等人身上，我们可以看出人类敢于战胜恶劣的自然环境的豪迈气概和顽强意志；从坦塔罗斯、阿克特翁等人身上，我们可以看出人性中存在的弱点，以及对生活的影响。以此看来，古希腊神话呈现的是一个鲜活的、充满生机的世界。这些生动有趣的故事激发了我们阅读文学经典的兴趣，希腊神话和传说所具有的认识价值，也必然会使我们丰富自己的知识，扩大自己的视野，提高自己的文学素养。

《希腊神话故事》以浪漫史诗的形式再现了古希腊人的社会面貌和精神生活，对西方文学的发展和繁荣产生了深刻而久远的影响。同所有神话一样，古希腊神话是古希腊人民在同大自然的长期斗争中，在对高尚和文明的不懈追求中，创造出的优秀艺术作品。它反映了古希腊人民在历史蒙昧时期对神秘自然的执着追求，对英雄神圣的信仰崇拜，对和平生活的热情向往，以及对美好未来的无限憧憬。

至今，古希腊神话已经流传了两千多年，它是世界文学宝库的珍贵遗产，是欧洲文学艺术的瑰宝。

目录

宙斯和奥林匹斯山众神

名师导读

奥林匹斯山上神祇众多，他们性格各异，和人类一样有着七情六欲，经常争斗，但是在宙斯的统治下，他们似乎也没有那么猖狂，整个宇宙因此井然有序。

传说，宙斯是奥林匹斯山的第三代天神。原始天神原本是卡俄斯，被称为"混沌之神"。由卡俄斯分离出去的地母盖亚生的儿子乌拉诺斯成为第一代天神；乌拉诺斯很快长成大人，与地母又生下十二个孩子泰坦神，乌拉诺斯统治的宇宙**井然有序**，但是后来被自己的孩子泰坦神克洛诺斯推翻，克洛诺斯成为第二代天神；克洛诺斯也害怕儿子夺权，就把他们全部吃进了肚子里，只有小儿子宙斯在母亲瑞亚的保护下幸免于难，宙斯长大后果然推翻了父亲，并且把自己的兄弟姐妹们都从父亲的肚子里解救了出来，于是奥林匹斯山进入了宙斯统治时代。

宙斯掌权后，他给全体的兄弟姐妹都分配

名师指津

此处用简单的话语一笔带过，帮读者快速了解时代背景。

1

了领地。每一位神祇都有他们统治的王国，而宙斯自己则掌管天空，成为众神和人类之王，但是他也有自己具体的职责：他主宰天象，主要是主宰雷电，他能够抛掷闪电，制造雷霆，还能够**呼风唤雨**；他驾驭自然界的一切，使四季的更迭井然有序；他还掌管统治万民的众神，区别世间的善恶是非。当然，他还具有预知未来的本领，并且把这项本领传给了自己的儿女们。他娶了自己的姐姐赫拉为妻。从这以后，天界之间的斗争才算是相对平静了一些。

这些天神都住在著名的奥林匹斯山上。那是一座耸立在马其顿地区的雄伟高山。据说，那里**四季如春**，没有严冬，而且在丽日的朗照之下，**万木竞秀**，**百花争艳**，蝴蝶在花卉上飞舞，鸟儿不分昼夜地歌唱。虽然如此，但是天和地之间的烦恼和纷争，却还是避免不了。

赫拉和宙斯结合后生下了众多的儿女。

其中，赫菲斯托斯是被宙斯和赫拉抛弃的孩子，因为他长相丑陋，被扔下奥林匹斯山后，成了跛子，他在利姆诺斯岛上长大，却成为人世间最优秀的铁匠。几经周折之后他才又回到奥林匹斯山，只是他生得太丑，天上的众神都喜欢取笑他。

战神阿瑞斯也是赫拉和宙斯的儿子，他生性好斗，和其他的神祇总是稍有矛盾就大打出手。而美神阿佛洛狄忒则是宙斯的养女，因为阿佛洛狄忒早在克洛诺斯时代就出生了，克洛诺斯用刀砍伤了乌拉诺斯，乌拉诺斯疼得抖动手臂，几滴血滴进了大海里，浪花就被染红了。此时，在湛蓝的海水深处，一个肌肤雪白的姑娘**破浪而出**，她就是阿佛洛狄忒。她异常美丽，而且看上去永远那么年轻，众神都爱慕她。

众神之中，雅典娜的出生最为传奇，她是从父亲宙斯的脑袋里蹦出来的。那个时候，宙斯的一位情人怀了他的孩子，预言说他的这个孩子会比他自己还强大，于是宙斯学着自己的父亲，把自己正怀孕的情人吞下了肚子。从此以后，他就变得异常博学，可是过了不久，他就感觉自己头痛难忍，异常痛苦。很多知识似乎全部涌了上来，压得他喘不过气来，他痛苦得抱着头颅大声呼救，他找来自己的儿子赫菲斯托斯，让赫菲斯托斯用铁锤砸他的脑袋，赫菲斯托斯吓得**不知所措**："父亲，你是说要我打你吗？"

名师指津
　　此处的描写充分体现出宙斯当时痛苦的状态。

"如果你爱我，如果你还想继续享受你现在拥有的一切，你就照我说的办，不然我就把你扔下奥林匹斯山！"

赫菲斯托斯**无可奈何**地对众神说："你们做见证，这是他自己命令我这么做的！"于是，他抢起他那**金光闪闪**的锤子，朝着宙斯的脑袋使劲地砸了下去。随着锤子的落下，天地之间一声巨响，一个女孩大叫一声，从宙斯的脑袋中蹦了出来。她浑身披着闪闪发光的盔甲，头戴战盔，手持盾牌和长矛，她就是宙斯的女儿——智慧女神雅典娜。雅典娜非常热爱人类，是大地上一切美好事物的庇护神。她教妇女们纺线和织布，她是众神中最为聪明的一个神，喜欢把所有的技术都教给人类，连宙斯也为她的博学和智慧感到骄傲。

宙斯的另外一个儿子是赫耳墨斯，赫耳墨斯的母亲是阿特拉斯的女儿迈亚。赫耳墨斯天生聪明，他是众神的使者。他还是商业的庇护神，一只手上有贸易的标志，拿着一根木棍，上面盘着两条蛇，是阿波罗赐予他的。此外，他还被称为幽灵的带路者，因为他把死者的灵魂取走，送入地狱。

宙斯和一位凡人女子生下了一对双胞胎兄妹，即阿波罗和阿耳忒弥斯。宙斯把太阳交给阿波罗掌管，同时把月亮交给了阿耳忒弥斯。当阿波罗驾着**金灿灿**的太阳车，把阳光洒满大地的时候，阿耳忒弥斯就躲在深山里和自己的同伴们打猎、玩耍。到了傍晚的时候，哥哥回来了，她就驾着自己**银光闪闪**的月亮车，驱车出巡，把美丽的月光带给人类。这个时候的阿波罗就弹唱着动听的音乐伴着妹妹悄悄地穿越整个天空。

除此之外，奥林匹斯山上还有其他的一些神，比如说九位缪斯女神，她们是艺术和科学的庇护神；三位卡里忒斯女神，她们把美丽和欢乐散布人间；三位摩伊拉女神，她们是命运女神，掌管人类的命运。另外，还有复仇女神、河川神、泉水女神、森林神，等等。

但是最重要的神祇一直是奥林匹斯山上的十二位天神，即宙斯、赫拉、得墨忒耳、阿瑞斯、赫斯提亚、波塞冬、赫耳墨斯、阿波罗、阿耳忒弥斯、雅典娜、赫菲斯托斯和阿佛洛狄忒。除了这些神祇以外，奥林匹斯山上还住着一些半神人，他们生活得很好，**疾恶如仇**，扶

名师指津
通过对阿波罗和阿耳忒弥斯交替出现的描写，生动地表现出了日月交替的自然现象。

弱济贫，为人正直，他们是一些在陆地上的神祇的后裔；山上的众神们也经常降临人间，给人类带去恩泽。当然，也会给人类带去祸端。

品读与赏析

要掌管整个宇宙，自然就需要有一定的能力，宙斯在推翻父亲后接管了自己的兄弟姐妹，让所有的神祇各尽其责，奥林匹斯山上的众神因此可以和平相处。十二位天神每一位都有自己独特的本领，他们同时也是正义和美的化身，在他们的统治之下，宙斯时代一直持续了下去。虽然也有争斗，但是最后都能得到解决。

本文使用了环境描写、人物描写等艺术手法，通过环境描写凸显了奥林匹斯山的美丽，通过对智慧女神雅典娜进行外貌描写，为我们塑造了一个积极美好的女神形象。此外，本文生动的语言，详略得当的安排，让我们对奥林匹斯山上的众神有了大致的了解，且引出了下文的精彩故事。

读书笔记

海神波塞冬与诸海神

名师导读

在宙斯伟大的兄弟波塞冬的宏伟宫殿中，有着一群各具神力的海神，他们的存在让靠海而生的水手和渔民得到帮助。而波塞冬女儿们的歌声则让海洋变得更加神秘。这些威力强大、权力无边的海洋诸神都在波塞冬的统领之下，共同守护着这片蔚蓝的大海。

在海洋的最深处，宙斯那位威猛无双的兄弟、大地的撼动者波塞冬，拥有一座**富丽堂皇**的宫殿。作为大海的统治者，他手持三叉戟，只需轻轻一动，便能使海浪听从他的号令。

与波塞冬并肩居住在深邃海底的，是他那**美丽绝伦**的妻子安菲特里忒。她出身于能预知凶吉的老海神涅柔斯之家，但她的命运在某一刻被大海的主宰波塞冬所改变，被他从慈爱的父亲身边带走。

在某个**阳光明媚**的日子，波塞冬漫步在那克索斯岛的岸边，不经意间目睹了一场美丽的舞蹈。安菲特里忒和她的姐妹们——那些同为

名师指津

波塞冬作为古希腊神祇的重要一员，天生拥有强大的神力。此段描写不仅展示了波塞冬的神力，也揭示了他的性格特点，威猛无双，充满力量。这段文字为读者构建了一个神秘且具有想象力的海洋世界。

涅柔斯之女的海神们，正轻盈地跳着舞。安菲特里忒的美貌犹如璀璨的明珠，在阳光下熠熠生辉，波塞冬瞬间被她的魅力吸引。

然而，安菲特里忒机智地藏到了那位身负天宇重任的提坦神阿特拉斯身后，巧妙地利用他的庞大身躯作为掩护。这使得波塞冬在一段时间内，尽管**心急如焚**，却始终无法看见这位他心仪已久的女子。后来，是海豚发现了她的藏身之处，并告知了波塞冬。为了感激海豚的相助，波塞冬将其升为天上的星座。最终，波塞冬成功地和安菲特里忒结下一段姻缘。

安菲特里忒与她的丈夫波塞冬共同居住在那深邃的水下宫殿之中。宫殿之上，**海浪滔滔**，喧闹着，涌动着。周围簇拥着众多的海神，他们皆服从于波塞冬的意志，听从他的号令。在这些海神中，波塞冬的儿子特里同尤为引人注目，他吹响螺号时，能唤起**狂风巨浪**，威力惊人。此外，安菲特里忒的姐妹们，那些美丽的海中女神涅瑞伊得斯也常伴左右，她们为这水下宫殿增添了一抹别样的色彩。

波塞冬作为大海的主宰，当他乘坐由神奇的海马拉动的马车在海上驰骋时，原本喧闹的海浪都纷纷**退避三舍**，为他让出一条宽广的道路。这位与宙斯同样英俊的海神，在无边无际的大海上疾驰，他的周围，海豚欢跃，鱼儿从深海中跃出，围绕着他的马车嬉戏。

一旦波塞冬挥舞起他那威猛无比的三叉戟，海面便立刻掀起如**崇山峻岭**般的巨浪，泡沫翻腾，一场风暴随即呼啸而至。此刻，排空而起的巨浪以雷霆万钧之势撞击着岸边的峭壁，其声势浩大，震撼着整个大地，仿佛要将一切吞噬。然而，波塞冬的力量同样也能平息这一切的狂怒。他只需轻轻地将三叉戟指向海浪，那些原本狂怒不已的波涛便会立刻变得驯服，风暴也随之消散无踪。随后，大海重新回归宁静，那深邃蔚蓝的海面只余下轻柔的波涛拍打着海岸，仿佛奏响一曲悠扬的乐章，诉说着大海的平和与宁静。

在宙斯伟大的兄弟波塞冬身边有许多海神，其中有能预兆凶吉的老海神涅柔斯，他知道未来一切珍贵的秘密。涅柔斯从不撒谎，从不欺骗别人，他只向神祇和人类揭示真理。这位老海神提供的建议总很英明。涅柔斯生有五十个美丽的女儿。年轻貌美的涅瑞伊得斯在波浪间快乐地嬉戏，她们的**花容月貌**在浪涛间闪现。她们手拉着手，一个接一个像鱼儿一样浮出海面，来到岸边，在平静的大海轻柔的拍岸声中跳起环舞。这时候，海边的山岩回响着她们柔美的歌声，那歌声就像大海**隐隐约约**的隆隆声。这些海中女神是航海家的保护神，她们能保证航行顺利。在诸多海神之中还有一位老海神普罗透斯，他的相貌像大海一样时时变化，他能**随心所欲**地变成各种动物和怪物。他也是一位能预知未来的神。只要你突然出现在他面前，抓住他，制伏他，他就会说出有关未来的秘密。在大地的震撼者波塞冬的伴随者之中还有水手和渔民的保护神格劳科斯，他也有预测未来的本领。他常常从大海深处浮上海面，向凡人预告未来，为凡人提供英明的建议。海洋诸神威力强，权力大，但是他们都受宙斯的兄弟波塞冬管辖。

　　各个大海和所有陆地都被大洋神——提坦神俄刻阿诺斯环绕。大洋神和宙斯本人齐名，受到一样的尊敬。他居住在遥远的世界边缘，不受世上的琐事干扰。他有三千个儿子，他们都是河神，还有三千个女儿，她们是大洋女神、山溪和泉水女神。伟大的大洋神的子女们的终年流淌的活水给凡人带来幸福和欢乐，他们浇灌着大地，为一切生物提供水源。

品读与赏析

　　本篇文章通过极具美感的语言和丰富的想象力，描述了波塞冬作为大海统治者的地位和力量，以及提坦神俄刻阿诺斯和他的众多子女对世界的贡献。文中强调了波塞冬作为宙斯威猛无双的兄弟和大地撼动者的身份，展现了他对大海的绝对统治力。他的宫殿位于海洋的最深处，象征着他在海洋世界中的至高无上地位。文章的最后介绍了俄刻阿诺斯子女们的贡献。这体现了他们作为自然力量的化身，对生命和生态的滋养和贡献，让我们更加敬畏自然，珍惜生命之源。

读书笔记

阿波罗的诞生

名师导读

阿波罗是古希腊神话中的光明、预言、音乐和医药之神，也是人类文明、迁徙和航海者的保护神。那么拥有如此重要地位的神是怎么降生在这个世界上的呢？他的出生给这个神话世界带来了哪些变化呢？

在阿得罗斯岛上，光明之神阿波罗降生了，他拥有着一头卷曲的金发。他的母亲勒托因赫拉的嫉妒而被驱逐，四处流浪，无处安身。赫拉更是派出巨蟒皮同来追赶勒托，使勒托不断逃亡。最终，勒托在波涛汹涌、**漂浮不定**的阿得罗斯岛上找到了暂时的庇护。

就在勒托踏上阿得罗斯岛的那一刻，从海底突然升起了许多巍峨的石柱，这些石柱仿佛有生命一般，将这座原本荒凉的小岛牢牢地固定在了海洋中。从此，阿得罗斯岛便稳稳地矗立在那里，**历经风霜**，至今仍然**屹立不倒**。阿得罗斯岛四周是喧嚣不息的大海，岛上曾经是一片死寂，只有光秃秃的山岩耸立着。海鸥们在这荒凉的山岩上找到了栖身之地，它们凄厉的叫声在空旷的山谷中回荡，给这座小岛增添了几分凄凉和孤寂。然而，当阿波罗诞生的那一刻，一切都发生了改变。岛上的每一个角落都充满了光芒，仿佛金子般的阳光洒满了阿得罗斯岛的山岩。海边的岩石、铿托斯山、山谷、大海，以及所有的一切都变得**生机勃勃**、**光彩夺目**。女神们纷纷从四面八方赶到阿得罗斯岛，她们围绕着新生的神，高声赞美着他的降临。她们带来了神食和仙酒，为阿波罗的出生而欢庆。周围的山山水水仿佛也感受到了这股喜悦的气息，与女神们一同欢庆这个特殊的日子。

光辉闪耀的少年阿波罗，手持里拉琴，背负着熠熠生辉的银弓，在蔚蓝的天空中疾驰而过，箭筒中的金箭发出清脆的叮当声。他骄傲而欢乐，仿佛一位无畏的战士，对世间的恶势力与黑暗孕育的一切构成巨大的威胁。

阿波罗的目标明确而坚定，他疾驰向曾经追逐过他母亲勒托的巨蟒皮同的藏身之处，决心为母亲所受的苦难向皮同复仇。他迅速来到

重点解读

文中将阳光比喻为耀眼的金子，生动地描绘出光的颜色和闪耀的特点。此段描写阿波罗诞生在阿得罗斯岛的情景，以及岛上因他的降生而发生的神奇变化。阿波罗的诞生让这座小岛充满生机，我们可以深刻感受到阿波罗作为光明之神的特殊地位，以及他的降生对阿得罗斯岛和整个自然世界的巨大影响。

了皮同栖息的幽暗峡谷，那里山岩**高耸入云**，谷底则是一片昏暗，只有一条湍急的山溪在谷底奔腾，溪流上方弥漫着浓雾，给人一种阴森恐怖的感觉。

当可怕的皮同从洞穴中爬出时，它那庞大的身躯在岩石间盘绕，仿佛要将整个峡谷填满。在它身体的重压下，岩石和山体不住地颤抖，散发出强烈的死亡气息。山林水泽女神和所有生灵都被吓得四处逃窜，无人敢于面对这可怕的生物。

然而，阿波罗并没有退缩。他**挺身而出**，勇敢地面对皮同。当皮同张开骇人的大嘴，企图将阿波罗一口吞掉时，阿波罗迅速拉动银弓的弓弦，发射出一支又一支精准无比的金箭。金箭像急雨般飞向皮同，最终将其击倒在地，使其**一命呜呼**。

阿波罗战胜了巨蟒皮同，他高声唱起胜利的歌，手中的里拉琴伴随着他的歌声鸣响，仿佛在庆祝这一伟大的胜利。随后，他将皮同的尸体埋葬在圣地得尔福的地下，并在那里修建了神庙和神示所，以便向人们传达他父亲宙斯的旨意。

品读与赏析

阿波罗战胜了巨蟒皮同，不仅彰显了阿波罗的英勇与智慧，也为世间带来了一丝希望和光明。从此，人们开始更加尊敬和崇拜这位光辉灿烂的神祇，他的事迹也被传颂千古，成为神话中的经典篇章。在众多的奥林匹斯山神中，阿波罗最受推崇。他是古希腊神话中最多才多艺、最美最英俊的男神，同时也是男性美的象征。

本文通过优美的语言为我们描述了太阳神阿波罗的故事，展现了阿波罗聪明勇敢的人物特点，令人记忆深刻，回味无穷。

读书笔记

达佛涅与阿波罗

名师导读

河神珀纽斯的女儿达佛涅原本过着平静的生活。因小爱神厄洛斯的一支箭，她生命的轨迹改变了。最终，她变成了一棵月桂树。而阿波罗看到变成月桂树的达佛涅，也陷入深深的悔恨之中。

尽管阿波罗总是以开朗快乐的形象示人，他也曾遭遇过痛苦和悲伤。就在战胜皮同后不久，他品尝到了痛苦的滋味。当阿波罗站在那只被他金箭射杀的怪物旁边，满怀胜利的豪情时，他发现了年轻的爱神厄洛斯正手持弓箭，静静地站在一旁。

阿波罗带着一丝戏谑的笑容对厄洛斯说："小家伙，你那看似可怕的武器又能做什么呢？看看我这些金箭的威力吧，我刚刚就是用它们射杀了皮同。你也想和我这个神箭手较量一番吗？或许你还想超越我？"然而，厄洛斯却以高傲的姿态回应阿波罗："阿波罗，你的箭确实**百发百中**，能射中任何人，但我的箭，只针对你一人。"说完，厄洛斯拍打着翅膀，飞上了高耸的帕耳那索斯山。他从箭筒中取出两支箭，一支能唤起深沉的爱，他毫不犹豫地用这支箭射向了阿波罗的心；而另一支箭则能摧毁爱，他将这支箭射向了河神珀纽斯的女儿达佛涅的心。

当阿波罗第一次遇见美丽的达佛涅时，他立刻欣赏起了这位姑娘。然而，达佛涅看到金发鬈曲的阿波罗时，却像一阵风似的转身逃跑，因为厄洛斯那支能扼杀爱的箭已经射中了她的心。阿波罗急忙追赶上去，试图挽回这份爱。

"美丽的女神，请停步！"阿波罗高声呼喊。然而，达佛涅却像羔羊逃避恶狼般疾驰，又如鸽子躲避鹞鹰般急促飞奔。阿波罗急切地解释："我并非你的敌人，为何要如此惧怕？小心地上的花刺刮伤了你的脚。请稍候片刻，我是阿波罗，雷神宙斯的儿子，并非凡间的牧人。"

然而，达佛涅似乎并未听到阿波罗的呼唤，她的步伐反而更加急促。阿波罗**紧随其后**，如同插上翅膀般疾驰。他逐渐接近达佛涅，几乎**触手可及**。达佛涅能感受到他的温度，她的体力渐渐不支。

她绝望地向父亲珀纽斯求救："父亲珀纽斯，快来救救我！大地啊，裂开一道缝，将我吞噬吧！啊，请消除我这副容颜，它只会为我

名师指津

本文通过语言描写，展现了爱神厄洛斯高傲的性格。此段也为阿波罗和达佛涅的缘分埋下伏笔。

重点解读

本段描述了阿波罗追求达佛涅的情景，通过比喻生动地描绘了两个角色之间的关系，以及达佛涅对阿波罗追求的逃避态度。同时，也通过描绘阿波罗的追逐和达佛涅的逃跑，展示了神话故事中的神奇和戏剧性元素。

带来无尽的灾难!"话音未落,她的四肢突然变得麻木,娇柔的身体被树皮紧紧包裹,秀发化为树叶,朝天伸出的双手变成树枝,她整个人化作了一棵月桂树。

阿波罗悲伤地站在这棵月桂树旁,久久不愿离去。最后,他**轻声低语**:"从今以后,我将用你的枝条编织桂冠,装点我的头颅;用你的绿叶装饰我的琴和箭筒。啊,月桂树,愿你的枝叶永不凋零,永远青翠!"月桂树浓密的枝叶发出轻柔的沙沙声,似在对阿波罗作答;绿色的树冠微微低垂,似在答应阿波罗的请求。

品读与赏析

阿波罗和达佛涅以及月桂树的故事,是古希腊神话中的一则经典传说。这个故事充满了神奇的色彩和深刻的寓意,它告诉我们爱的力量是无穷的,但有时候也会带来痛苦和无奈。而最终阿波罗选择永远保护达佛涅化成的月桂树,也让我们感受到爱的永恒和伟大。

读书笔记

得墨忒耳

名师导读

　　得墨忒耳的女儿被冥王掳走，为了寻找女儿，她身心疲惫。冥王哈迪斯不愿意归还她的女儿，他们只有找宙斯来裁决。

　　得墨忒耳是天神宙斯的姐姐，她掌管着大地上人们的种植情况，被封为谷物女神。她有一个女儿珀耳塞福涅，珀耳塞福涅生得美丽，人们又因为谷物女神每年都带给他们好的收成，所以都敬奉得墨忒耳。人们都夸奖得墨忒耳的女儿珀耳塞福涅，说她比美神还要美，这话不小心被美神阿佛洛狄忒听到了，她非常生气，决定要报复珀耳塞福涅。

　　这一天，冥王哈迪斯乘着他的黑云马车，在人类上空巡视着他的疆土。他飞行时所带起的大团黑云被阿佛洛狄忒注意到了。阿佛洛狄忒马上找来自己的儿子小爱神厄洛斯，她嘱咐自己的儿子说："现在，有人公然藐视你母亲

名师指津

　　珀耳塞福涅的美貌成了"祸事"，引来了美神阿佛洛狄忒的报复。这也从侧面表现出了美神阿佛洛狄忒的嫉妒心很强。

19

20

的美貌，你如果爱你母亲的话，那么就举起你手中的箭，给他们一点儿颜色看看，我要你把珀耳塞福涅和冥王射为一体。"小爱神非常听母亲的话，于是他就从背上取下弓箭，他把一支金色的箭射向冥王。金色的箭代表着炙热的爱情，被射中的人会毫无理由地爱上另一个人，而且**无法自拔**。然后，他把另外一支银色的箭射向了珀耳塞福涅，银色的箭代表着拒绝。

哈迪斯被射中以后，心里爱海汹涌。当他看到在山谷中和伙伴们玩耍的珀耳塞福涅，马上爱上了这位可爱的姑娘。他来到珀耳塞福涅身边请求得到她的爱情，可是珀耳塞福涅被射了拒绝的箭。所以，她就拒绝了冥王，想要逃脱，可是冥王哈迪斯不能控制内心狂热的情感。最后，他决定采取强硬的措施。有一天，他趁着珀耳塞福涅不注意的时候，驾起他的黑云马车，将珀耳塞福涅所在的那一整片地区染成了黑色。然后，他就趁乱将珀耳塞福涅掳走了，他把珀耳塞福涅夹在胳膊底下，珀耳塞福涅拼命地呼唤着自己的母亲，她嗓子都喊哑了，可是哈迪斯驾驶的马车跑得飞快，很快，就到了他所统治的地方。

名师指津

这两支箭的射出导致了三个人的痛苦，哈迪斯深陷爱情无法自拔而痛苦，珀耳塞福涅因为拒绝爱情被掳走而痛苦，母亲得墨忒耳因为失去女儿而痛苦。

名师指津

"拼命""喊哑"生动而准确地表现出了珀耳塞福涅被带走时的不情愿及悲痛的心情。

失去了女儿的得墨忒耳，哭着到处寻找女儿的踪迹，她走遍了人间的每一个地方，可是都没有发现女儿的踪迹。得墨忒耳非常伤心，坐在岩石上九天九夜不说话，不进食，整个人像完全麻木了一样。虽然水泉女神了解是谁干了这件事，但是因为惧怕哈迪斯，她不敢对得墨忒耳说出实情。得墨忒耳疲惫不堪，她开始咒骂大地："没有良心的土地啊，我一直使你肥沃，用草木和鲜花给你做美丽的衣裳，你却**眼睁睁**地看着我的女儿不见了。现在，我再也不会给你任何恩惠了！"从那以后的好多年，植物不再生长，种子不再发芽，地里到处长满了荒草和荆棘，人类到处都充满了饥荒。得墨忒耳由于处在失去女儿的悲伤之中，所以不愿意帮助大地。

泉水女神看到这一切，实在是不忍心，她对女神得墨忒耳说道："女神，你不要再责怪大地了，她也没有任何办法，她是被逼的，我知道你的女儿在哪里，我在穿过大地下半部分的时候看到了你的女儿。现在她已经成为冥王的妻子，成为哈迪斯至爱的新娘。"得墨忒耳听到这一切，**迫不及待**地找到了宙斯，恳求宙斯让哈迪斯归还自己的女儿，她声称："我尊敬的王啊，我的女儿如果不回到我的身边，那么我将让大地失去一切生长能力，人类将会灭绝。"宙斯见得墨忒耳如此坚决，于是就找来了冥王哈迪斯。哈迪斯见宙斯**人多势众**，他被迫答应了宙斯的条件。

但这只是哈迪斯的**缓兵之计**而已，虽然他答应归还珀耳塞福涅，但是在珀耳塞福涅要离开冥界之前，哈迪斯让珀耳塞福涅吃了一个特殊的石榴。这样，珀耳塞福涅就得不到彻底的解脱，大部分时间都只能待在黑暗里，不能见到阳光。最后，得墨忒耳没有办法，她不得不向冥王妥协：珀耳塞福涅被批准一段时间跟母亲在一起，一段时间跟丈夫在一起，珀耳塞福涅每年春天的时候都会回来，所以被称为春神。

得墨忒耳找回了女儿，于是就让大地上的植物恢复了生长，大地重新变得生机勃勃。

名师指津

爱情的力量和母爱的力量相抗衡，这种抗衡一直延续到今天，成为爱情和亲情的抗衡，它们虽然不能达到绝对的融洽，但是在一定程度上可以和平共处。

品读与赏析

如果要找出引发这场浩劫的罪魁祸首的话，还得从阿佛洛狄忒身上寻找，她仅仅因为别人的一句话，就要实施自己的报复，却没有想到会引起一连串的祸患。最后，每个人都是她嫉妒的牺牲品。

本文语言生动，用词准确，"拼命""喊哑"这两个词再现了珀耳塞福涅被劫走时的痛苦与无奈。而用大地枯萎的浩劫来表现得墨忒耳的母爱，也向读者证明了母爱的力量。

读书笔记

调皮的赫耳墨斯

名师导读

赫耳墨斯从一生下来就聪明过人，还在襁褓里时，他就开始到处恶作剧。对此别人都无所谓地一笑而过，可是这一次他碰上的是他较真的哥哥阿波罗，他就没有那么轻松了。

赫耳墨斯是迈亚和宙斯的儿子，他出生的时候正值黎明，**天色微白**。赫耳墨斯的眼睛一下就睁开了，并且灵活地转动着，还眨巴了一下眼，逗得疲惫的妈妈大笑起来。赫耳墨斯很聪明，是一个讨人喜欢的智多星，但是他也很调皮，他总是想些鬼点子捉弄自己的哥哥姐姐们，他经常做些恶作剧来让自己开心。奥林匹斯山上的人都知道这个既可爱又调皮的捣蛋鬼。虽然他经常做恶作剧，但是很少有人责怪他。因为大家觉得他年纪太小，而且又是宙斯的儿子，所以也就**一笑了之**，根本不和他计较。

这一日，赫耳墨斯一个人在外面的山上玩耍。突然，在一条小溪的沙滩上，他看见了一

名师指津

交代了赫耳墨斯刚出生时的情形，说明他是一个很可爱的孩子。

只正在懒洋洋地晒太阳的大乌龟，龟壳有筛箩大小。他突然有了主意，他跑到乌龟的跟前，趁着乌龟不注意，腾地一下将乌龟掀翻了过来。然后，他把乌龟像转转盘一样转了起来，他在一旁高兴得拍手大笑。不一会儿，他又想出了一个绝招，他搬起石头把乌龟砸死了，且仿照阿波罗拉琴的样子，在龟壳上装上琴弦和簧片，很快，一把琴就做出来了。

赫耳墨斯心灵手巧，这把琴音色美妙，相当称手。他拉起琴为自己伴奏，然后边跳舞边唱歌，玩得不亦乐乎。他玩了一上午，中午太阳照在头顶上的时候，他就已经**兴趣索然**了。他茫然地抬起头张望，看看有什么其他好玩儿的。

这个时候，他突然看到远处群山茫茫，**绵延不绝**，他看到那里的山坡上，有一些黑点在移动。他睁大了眼睛，运用了神力，看清楚了那是自己的异母兄弟阿波罗的牛群。他看到这群牛，突然来了主意，他非常开心地回了家，一路上蹦蹦跳跳的，像是在为自己的主意得意。当天晚上，当群星闪耀、**四野寂静**的时候，赫耳墨斯悄悄来到阿波罗放牧的牛群里。他用柳枝包裹着牛蹄，不让它们发出声息。他把牛群赶出来，走了好一阵。
为了蒙蔽追踪者，他又赶
着牛群倒着走，走进了一
个山洞里。在山洞里，他
把顺手折下的月桂树条一
擦，升起一团火，他把牛群中的两头小母牛焚
化了，作为献给十二天神的祭品。在干完这一
切以后，赫耳墨斯平静地回家继续睡觉，俨然
一个纯洁的婴儿，谁都不会相信他做过什么错
事。然而，他的母亲识破了这一切，她警告自
己的儿子："你要小心，阿波罗可不是好惹的，
他**力大无穷**，而且脾气耿直，连你的父亲都惧
怕他三分呢！"可是阿波罗在赫耳墨斯的眼里
却什么都不是，他觉得阿波罗不过是一个好勇
斗狠的大萝卜罢了，所以他得意扬扬地对自己
的母亲说："放心吧，妈妈，你放一千个心好了，
我的手法那么巧妙，他是不会觉察到的。"

　　阿波罗丢了两头小母牛，非常气愤，可是
他怎么查也查不出来到底是谁干的。他**冥思苦
想**，不得其解。后来，阿波罗在山洞里找到被
焚化的牛骨头，根据这个线索，他才发现自己
的牛居然是被仅仅几个月大的婴儿偷走的。阿

波罗气冲冲地找到赫耳墨斯，大声斥责这个还在襁褓之中的婴儿。可是赫耳墨斯这个小调皮鬼根本就不买账，他仰着脸看着发怒的哥哥，煞有介事地发誓说："你胡扯，你诬陷，我根本没有偷过牛，也不知道牛是什么样子的，'牛'这个词语，我还是第一次从你这里听说呢！"阿波罗**咬牙切齿**地骂着，可是赫耳墨斯就是一口咬定他对偷牛的事情一无所知。

口齿笨拙的阿波罗急得面红耳赤，却完全拿自己的弟弟没有办法，他毕竟不能对一个还在襁褓中的婴儿实施暴力，可是阿波罗又不肯认输。所以，他决定去找父亲宙斯评理。

阿波罗在父亲的面前狠狠地咒骂赫耳墨斯是个偷牛贼，说他从来没有见过如此早熟的偷牛贼、骗子和无赖。赫耳墨斯却振振有词地反驳哥哥，说他自己是个老实的孩子，阿波罗就会以大欺小、以强凌弱，污蔑一个**手无寸铁**、正在睡觉的、从来不知道牛是什么玩意儿的小婴儿。他一边**冠冕堂皇**地替自己辩解，一边不时地向父亲眨巴眼睛，宙斯看见了忍不住哈哈大笑。

最后，在宙斯的调停下，兄弟二人和解。赫耳墨斯把刚做好的琴送给阿波罗，阿波罗回

名师指津

事实再一次证明了赫耳墨斯的天分，但是他捉弄的恰恰是喜欢追根究底的哥哥阿波罗。阿波罗被一个襁褓中的婴儿辩驳得哑口无言，更觉得尊严尽失，更加不肯轻易放过赫耳墨斯了。这一段话，形象地描绘了赫耳墨斯调皮捣蛋的天性，令人看来也忍不住偷笑。

赠给赫耳墨斯一条金灿灿的短鞭，并且任命他为牛群的放牧人。同时赫耳墨斯指着冥河发誓，永远不会向阿波罗行使偷盗之术，阿波罗回赠他一根盘蛇杖。赫耳墨斯接受了阿波罗的盘蛇杖，但是他同时失去了用言语和歌曲来表达预言的能力，他只能用手势和符号来预言未来。尽管赫耳墨斯有些不情愿，但是盘蛇杖的吸引力对他来说太大了，所以他就接受了阿波罗提出的条件。

品读与赏析

赫耳墨斯的调皮和阿波罗的一本正经形成鲜明的对比，却都让人印象深刻。赫耳墨斯的聪慧加上他可爱的调皮样子，让所有人都不忍心责备他的过失，只能当作是孩子的恶作剧，但是不能因为他是孩子就无视他的错误，让这种行为放任自流。阿波罗及时地制止了弟弟的这种行为，也幸好有阿波罗的制止，才使得赫耳墨斯在长大以后成为品行正直的神祇。

本文采用侧面描写、语言描写等多种写作手法，生动地表现出了赫耳墨斯的可爱与调皮，尤其是与哥哥阿波罗的对话，更凸显出了他的聪明却有些令人无可奈何的本性。

读书笔记

战神阿瑞斯

名师导读

战神阿瑞斯英勇好战、有仇必报。然而，他又经常战败，甚至很狼狈！

阿瑞斯是宙斯和赫拉的小儿子，所以他从小就备受宠爱，要什么就有什么，以至于后来养成了争强好胜、**尚武好斗**的性格。他只要一听到轰隆隆的声音就会变得异常兴奋，激动得手舞足蹈，不能自已。一旦嗅到人的血腥味道，他就会**心醉神迷**，比饮了美酒还要激动。战神阿瑞斯生下来的时候，从他的外貌一眼就可以看出他性格上的优点和缺点，他的英俊自不必夸耀了，金黄色的头发，像大海一样蔚蓝的眼睛，熠熠生辉的古铜色的肌肤，胳膊和胸脯上隆起健壮的肌肉块，这一切都让他赢得了众神的宠爱。

名师指津

此句是外貌描写，将阿瑞斯的形象展现在读者面前。

当阿瑞斯出现在战场上的时候，他英姿勃发，**意气飞扬**：头上戴着插翎的钢盔，臂上戴着皮套袖，左手持着一个恐怖狰狞的盾牌，右手中的铜矛**咄咄逼人**。因为他性子急，所以他常常抛弃他那辆笨重的四轮马车徒步而行。他头上盘旋着几只铁齿苍鹰，身前**疾跑如电**的是几条牙尖嘴利的猎犬，跟随他的还有他的儿子：让人恐怖、战栗、惊慌的畏惧之神。此外还有追随他的女性亲属：他的姐妹不和女神和毁城女神，以及一大群嗜血成性的魔鬼。阿瑞斯成天和他们为伍，渐渐地，天神们都不再喜欢他了。

尽管阿瑞斯英勇好战，而且经常取得胜利，但是，他不是每一次都可以取得胜利。有一次，他败在自己的兄弟铁匠之神赫菲斯托斯手上。赫菲斯托斯由于长相丑陋，从小被母亲赫拉抛弃。长大后，拥有一身技艺的赫菲斯托斯为了报复母亲，特地打造了一个美丽的宝座假装要献给母亲。可是赫拉一坐上去，就马上被宝座上冒出来的机关给锁住了，手脚都动弹不得，众神都使尽全力却**无济于事**。阿瑞斯看到母亲受苦，气冲冲地跑去找赫菲斯托斯算账，可是还没有等他的长矛刺进赫菲斯托斯的身体里，就被赫菲斯托斯用风箱扇出来的火烧了一身的水疱。然而，他最惨时是在特洛伊的战争中，由于他和他的母亲以及姐妹站在不同的阵营中，下面的人打得**轰轰烈烈**，天上呢，阿瑞斯和自己的母亲赫拉也打得**惊天动地**，却不小心被自己的姐妹偷袭，**败下阵来**。阿瑞斯跑去向父亲哭诉，却被宙斯骂了一顿，说他哭哭啼啼，不像个男人，众神也都笑话阿瑞斯是个逃兵。

虽然阿瑞斯有时候奈何不了神祇们，甚至心有不甘，但是对于凡人，情况就大不一样了。他复仇心切、有仇必报，不仅让自己不得安心，还要祸殃全族，卡德摩斯就曾经领教过他的厉害。卡德摩斯在寻找妹妹欧罗巴的过程中，无意间杀死了一条毒蛇，却不知道这条毒蛇是阿瑞斯的圣物。阿瑞斯为了替自己的圣物报仇，向卡德摩斯实施了报复。卡德摩斯不知道自己的子女为什么会多灾多难，女儿和孙子都死于非命，他和妻子不愿意看见儿孙们的悲惨命运，离开了他建立的城市底比斯。然而，阿瑞斯根本就不想放过他们，他折磨他们的后代，并把卡德摩斯后代遭难的消息不断地传达给卡德摩斯。卡德摩斯夫妻俩非常痛苦，他大声对战神阿瑞斯叱喝道："你既然如此眷恋一条蛇，那就让我变成一条蛇吧！"于是卡德摩斯马上变成了一条巨大的青蛇，卡德摩斯的妻子见丈夫变成了青蛇，便祈求神把她变成了一条白蛇。然后，两人就游进了森林。

虽然阿瑞斯好战残忍而且不受人欢迎，但是他受到了美神阿佛洛狄忒的青睐，他也被阿佛洛狄忒的外貌深深地迷惑着，可阿佛洛狄忒的丈夫却是自己的死对头，就是那个用火烧伤他的铁匠之神。阿瑞斯只有在阿佛洛狄忒的怀抱里，似乎才有片刻的安宁，能暂时忘记仇恨与战争。

名师指津

"迷惑"一词突出表现了阿佛洛狄忒的美丽，用词十分准确。

品读与赏析

战神阿瑞斯大多数时候让人一想起来，都是威严而且不苟言笑、充满了杀气和怒气的那种形象。但是在这里，除了可以看到战神阿瑞斯的这一面之外，我们还可以看到那个面对母亲与姐妹的捉弄无可奈何时，在父亲面前哭诉的阿瑞斯，以及在阿佛洛狄忒怀抱里温柔而且顺从的战神阿瑞斯。作者给我们塑造了一个完整的战神阿瑞斯的形象。

读书笔记

给最美的女人

特洛伊战争历时十年，在这场持久的战争中出现了很多的英雄，发生了很多感人的故事，然而这场战争居然是由神祇引起的。

在珀琉斯和海中仙女忒提斯的婚宴上，他们邀请了很多天神，却没有不和女神，不和女神很愤怒，于是她**不怀好意**地向宴会上投去了一枚金苹果，金苹果上写着"给最美的女人"。果然，看到这个苹果后，宴会的中心目标就变成抢夺金苹果，天后赫拉、美神阿佛洛狄忒、智慧女神雅典娜都**据理力争**，说自己是最美的女人，三个人争得**昏天黑地**。

她们找宙斯评判，宙斯不想得罪妻子，也不想让女儿不开心，于是他把这个重任推给了另外一个人："这样吧，到底谁最美，由人类说了算，你们去找特洛伊城的王子帕里斯来评判。"

名师指津

"昏天黑地"传神地写出了天后赫拉、美神阿佛洛狄忒及智慧女神雅典娜三个女神争夺金苹果的激烈程度，也从侧面表现出神祇虽然都高高在上，但也有嫉妒心，也会争强好胜。

　　帕里斯是一位样貌英俊的青年，他正在山里放牧的时候，三位女神一起来到他的面前。天后赫拉说："帕里斯，如果你把苹果判给我，你将拥有无上的权力和财富。"雅典娜说："帕里斯，你应该把苹果判给我，这样的话，你就会拥有无限的智慧和在战场上的**节节胜利**。"最后美神阿佛洛狄忒说："帕里斯，我会把人世间最美丽的女子赐予你，让她做你的妻子，你把苹果判给我吧！"帕里斯听完三位女神的诱惑，**毫不犹豫**地把苹果判给了美神阿佛洛狄忒，因为他知道人世间最美的女子是希腊的海伦，他早就听说过海伦的名声了。这样一来，他就得罪了另外的两位女神。

　　阿佛洛狄忒得到金苹果后，决定要履行自己的诺言。她让帕里斯**漂洋过海**去希腊做客。在希腊，帕里斯受到了斯巴达王墨涅拉俄斯的殷勤接待。可是帕里斯在回国的时候，拐走了墨涅拉俄斯的妻子——美丽非凡的海伦。墨涅拉俄斯愤怒了，他招来了希腊的各路英雄，因为当年向海伦求婚的时候，大家都商量好了，不管海伦选择谁作为她的夫婿，以后只要海伦遇到危险，所有人都要竭力营救她，现在海伦

名师指津

　　为了夺回海伦，各路豪杰都赶到了，这倒不是因为美女，而是一个国家的尊严问题。国王的妻子被劫走了，虽然对方并没有藐视希腊国威的意思，但是这些英雄可不这样想。更何况，海伦是他们心目中的女神呢！

被劫，墨涅拉俄斯发出呼吁要他们把海伦抢回来，给**忘恩负义**的帕里斯最严厉的惩罚。

希腊英勇的战士都响应了墨涅拉俄斯的呼吁，从各个不同的地方赶来参战。

首先是墨涅拉俄斯的兄长阿伽门农及时带部队赶来参战。阿伽门农在后来参加战争的时候，不小心射死了献给狩猎女神阿耳忒弥斯的祭品，触犯了神怒，女神为了报复，让阿伽门农的战士大量死亡，军队战斗力大大下降。他们请示神谕，神祇要求阿伽门农必须献出自己的女儿作为祭品交给女神阿耳忒弥斯，才能使军队重生。阿伽门农没有办法，只好献出自己的女儿伊菲戈涅亚，他借口要把女儿许配给阿喀琉斯，派人回去把女儿骗了过来，然后献给了女神，这件事在以后带给了阿伽门农一连串的麻烦。

这些英雄中，最难请的是以色卡王奥德修斯，因为此时奥德修斯的妻子刚刚给他生下一个可爱的儿子，他不想搅进那些无聊的纷争里面，但是兄弟之间的情谊又推托不过去，他思前想后，**犹豫不决**。这时候，墨涅拉俄斯派人前来请求奥德修斯出征，奥德修斯见到使者的

时候，故意装疯卖傻，驾起一头驴来耕地，拿食盐当种子撒在地里。使者看出了奥德修斯的鬼把戏，于是便将奥德修斯还在襁褓中的儿子放在前面，当奥德修斯耕犁经过孩子的时候，不得不**小心翼翼**地绕过去，以免碰伤自己的孩子，这证明了他是在装疯，使者在一旁看得一清二楚。奥德修斯这一次没有再拒绝，带着自己的军队去援助墨涅拉俄斯。

另外还有一位也是经人劝说才来到战场的，那就是英勇好战的阿喀琉斯，他的勇敢在整个希腊都很著名。阿喀琉斯的母亲是被不和女神在婚礼上捣鬼的忒提斯，她有着预知未来的能力，她知道自己的儿子如果远征特洛伊的话，一定会**命丧疆场**，所以她极力阻止儿子。奥德修斯代表墨涅拉俄斯来劝说阿喀琉斯，忒提斯让儿子乔装改扮成女郎混在宫女们中间，奥德修斯**将计就计**，改扮成商人的模样来到宫里，拿出一些女孩子的饰品让她们挑，但是其中混杂了一些兵器。女孩子都对饰品感兴趣，阿喀琉斯却特别喜欢那些兵器，奥德修斯又假装接近阿喀琉斯试探出他男人的腕力，于是很快认出了阿喀琉斯，毫不费劲地说服了阿喀琉斯参加战争。

帕里斯不知道自己得到了美女，却给自己的国家特洛伊带来一场毁灭性的灾难。特洛伊位于小亚细亚北岸，帕里斯是国王众多儿子中的一个。帕里斯出生的时候，天神就预言过：帕里斯将带给特洛伊毁灭，现在整个希腊的军队整装待发，向着特洛伊而来，看来天神的预言要应验了。

不过国王普里阿摩斯是很贤明的君主，他一直把国家治理得很好，他与周围的国家联盟共同对抗外来的敌人，特洛伊王国武力的支柱是他的儿子赫克托耳，赫克托耳的武力很强，就像雄狮一样，打遍全国无敌手。他的品德也十分高尚，是特洛伊的英雄。他与他的妻子安德洛玛刻婚姻幸福，并且有一个可爱的儿子。赫克托耳料到自己的国家危难在即，于是，他也招来了很多著名的军事将领，积极准备战事。

希腊方面，他们共推阿伽门农为统帅，阿喀琉斯为武将，另外还有**力大无穷**的埃阿斯、**足智多谋**的奥德修斯。十万希腊军队集合在奥里斯港，一边操练一边建造巨型的战舰，用了两年的时间，一切准备就绪。一待时机成熟，希腊联军拔锚起航，那一边特洛伊军队也早就**严阵以待**。

于是，由一位美女引发的历时十年的特洛伊战争拉开了帷幕。

品读与赏析

　　特洛伊战争持续了十年，十年后，希腊人借用木马计攻进特洛伊城内从而毁灭了特洛伊城，战争以希腊的胜利告终。本文使用了多种写作手法，介绍了特洛伊战争的起因、前期准备和一些著名的英雄人物，他们的英勇形象永远留在人们的心中。

读书笔记

牧神潘

名师导读

牧神潘长相怪异，既不像神，又不像人，也不像动物，但是这样的他却和人类、动物打成一片。

潘是赫耳墨斯与仙子珀涅罗珀的儿子，他出生在深山之中。当他初次见到世上的阳光时，他就用他的山羊蹄子蹦来蹦去，竖起尾巴，发出欢快的声音。他年轻的妈妈看到他的样子吓了一大跳，惊恐地抛下他逃进了森林。

潘长着羊脚，羊胡须，鼻子蜷曲，两只弯弯的长角和一条长尾巴。赫耳墨斯将潘用兔皮包裹起来，带到了奥林匹斯山上。到了众神中间，他把兔皮打开，把这个长着山羊角的小家伙抱出来。潘一着地，就马上开始蹦跳，用两只手敲击着膝盖，翻跟头和大声喊叫，在众神的面前不停地发出洪亮的笑声。这笑声令人心胸开阔，心里会莫名其妙地产生一种幸福感。为此，众神都很喜欢潘，都把他当成是自己的

名师指津

"羊胡须""鼻子蜷曲""长角"和"长尾巴"等词，将潘令人惊奇的形象呈现在读者面前。

好朋友，希望他留在奥林匹斯山上。可是牧神潘似乎并不喜欢这种生活，他不喜欢那些神祇，因为他看见他们都和自己长得不一样。同样都是神，他的形象却要比别的神祇丑陋得多，和那些神祇根本没有一点相似的地方。潘心里很难受，每一次和神祇们打交道，都让他觉得很不舒服。所以，他经常不待在山上，反而在下界和人类在一起。他觉得和人类相处要比与神祇相处好多了。他在大自然中逗留，觉得整个世界都是他的漫游之地。他选择那些最荒僻的无人到达的地方，或是山洞或是茂密的森林。他动作敏捷、灵活，能够用难以想象的速度奔跑，可以跳到最难以攀登的险峻之处。

不过，牧神潘有一个不好的习惯，他经常做恶作剧，逗那些山里的动物玩。有时候他藏在枝叶茂密的森林里，一动不动地**屏住呼吸**，根本不让其他的动物发现他的存在。这个时候，他就可

以静静地观察那些动物的一举一动。他藏的地方如果有一条小河，水牛或者麋鹿**漫不经心**地走过来饮水的时候，他就把这边的树枝摇得很响，这些野兽不安地抬起头来**四处张望**。这时候，他就一会儿跑到左边，一会儿又闪到右边，然后大声怪叫，要不就学野兽受伤的嚎叫，或者转成伤心哭泣的声音。他的声音在安静的森林里发出巨大的回声，这些野兽都被震住了，站在原地不敢动弹，因为不知道发生了什么事情。于是，它们相互对视，内心充满恐惧，等到这种声音越来越接近它们的时候，它们就被惊吓得乱跑起来。不一会儿，整个森林里的动物都奔跑起来，它们就像是发了疯一样，到处乱窜。牧神潘看到乱起来的森林，觉得好玩极了。他站在空中看着它们混乱的样子，发出高兴的笑声，他兴奋地用蹄子敲击着山岩，于是就有很多的石块落下了山，山下的动物们更加混乱了，可是他却很开心。

潘不像别的神祇那样傲慢，与人类保持距离；相反地，他与人类相处得很融洽。他热爱他们、保护他们，和他们在山间快乐地玩耍，和他们交朋友，帮他们放牧，使他们的羊群更加壮大。不管是人还是动

> **名师指津**
>
> 潘只有在这样的活动中，才可以感觉到自己的存在，所有的一切都在他的掌控中，这才是他要的神祇的感觉，他可以感觉到自己的重要性，所以，他宁愿待在下界。

> **名师指津**
>
> 通过对比，突出地表现出了潘在这里与在奥林匹斯山上是两种不同的状态。在奥林匹斯山上，他经常被忽视，他们不把他当作同类，但是在这里，他是神祇，所有的人都尊敬而且喜爱他，他的自尊心得到极大的满足。

物都非常喜欢他，他所到达的每一个地方，动物都会成倍地繁衍，树木也长得很快。除此之外，牧神潘与女神们的关系也很好，他混在她们之中，一起游戏、跳舞，用他的风笛为她们演奏，博得她们的喜欢。

品读与赏析

　　潘的心理描写是本文的精彩视点，在奥林匹斯山上得不到尊重使他更加在意自己的外貌，不被神祇平等相待使他更加在意自己受重视的程度。而这一切都可以在人世间得到，所以他更愿意混迹在动物和人类中间，这样他才能得到极大的满足和宽慰。而潘的悲剧在于他没有料到自己对爱情的强烈追求却导致了爱人受到残酷的折磨，并且最终失去了生命。

　　本文使用了外貌描写、环境描写等多种写作手法。通过外貌描写，写出了潘的长相十分奇特、丑陋。通过对比手法，表现出了潘更喜欢与人类在一起。

读书笔记

俄耳甫斯寻妻

名师导读

　　俄耳甫斯新婚不久就失去了至爱的人，他跨越时空，想要从地狱中救出妻子，冥王却提出了一个很危险的条件。

　　太阳神阿波罗有一个儿子，名叫俄耳甫斯，他和父亲一样是伟大的音乐家。在俄耳甫斯生日的时候，阿波罗送给他一把七弦琴作为生日礼物，并且从那一天开始教他演奏。在教他学习的时候，阿波罗被吓了一大跳，因为俄耳甫斯根本不用父亲教，只是轻轻地拨动了几根细弦，美妙的音乐就像是流水一样哗啦啦地流淌了出来。

　　众神都很惊讶，因为俄耳甫斯弹得太好了。后来，俄耳甫斯越弹越好，以至于天下万物无不为他的音乐着迷，只要听到他的音乐，不管是人还是动物都会被打动。每当他弹奏的时候，人们都静静站着，停下手里正在做的事情。那些狂野的正在捕食的动物都停下来变得温驯，那些小动物都围在他身边，听得出神。不仅如

名师指津

　　将音乐比喻成流水，生动形象地表现出了俄耳甫斯的音乐天赋。

名师指津

　　渲染俄耳甫斯的音乐技能，动植物都被如此感动，让人真的有一种想要听他弹奏的冲动！

45

此,连树木和石头都能够感受到他演奏的魅力,树木簇拥着他,岩石则为他的音乐所打动稍微松软些,他演奏音乐的时候,似乎这个世界就完全陷入了他的音乐世界。就连他一向不服输的父亲阿波罗后来也不得不公开承认,自己的儿子在音乐上的造诣确实超越了自己。

俄耳甫斯后来娶了欧里狄克为妻,他非常爱自己的妻子。他们结婚的时候,诚挚地邀请了婚姻之神许门,希望他能够给他们带来幸福,使他们的婚姻永久。结婚这天,许门出席了婚礼,可是他们却没有发现什么好的征兆,因为许门这个老头儿的铜烟袋冒了火,把他们都呛得直流眼泪。显然这不是什么好征兆,而且这个不好的征兆很快就在俄耳甫斯的婚姻中应验了。

婚后不久,欧里狄克和她的女伴们在山谷里漫步,却被牧羊人阿里斯塔俄斯看见了。这个年轻的牧羊人对欧里狄克**一见倾心**,双膝跪倒在地上,请求欧里狄克接受他的爱情。欧里狄克礼貌地拒绝了他的请求,并且告诉他自己是伟大的音乐家俄耳甫斯的妻子。可是这个被爱情冲昏了头脑的牧羊人不肯放弃,欧里狄克走到哪里他就跟到哪里,**不厌其烦**地向欧里狄克表达炙热的爱意。为了摆脱他，欧里狄克拔腿就跑，慌乱中没有看清楚路，不小心进入了一片荒草之地。她只顾着逃跑，没有注意脚下，突然，她感觉到小腿上传来一阵剧痛。原来，她不小心踩着了一条毒蛇，被毒蛇咬了一口，蛇的毒性很强，不一会儿，欧里狄克就倒地身亡了。

新婚不久就失去了自己挚爱的妻子，俄耳甫斯**伤心欲绝**，整天**以泪洗面**。他一边哭泣一边弹奏音乐，那哀婉的音乐让所有的天神及人类都感觉到他的悲哀。人们被他的音乐打动，想起很多伤心的事情，都痛哭流涕，许多的动植物被音乐感动得难过起来。天神们听完音乐都很同情俄耳甫斯，可是他们帮不上什么忙，因为生命的灵魂掌握在冥王哈迪斯手里。他们让俄耳甫斯去寻找冥王哈迪斯，只要说服哈迪斯就可以让妻子复活。

俄耳甫斯马上来到奉那鲁斯海边，从位于海角旁的一个小洞进入，一直到了斯提克斯河流域。他穿过成群的鬼魂，来到了冥王哈迪斯的宫殿。在哈迪斯的御座前，俄耳甫斯一边弹七弦琴，一边歌唱，眼睛里流下了悲伤的泪水，他对冥王说："尊敬的黑暗主宰者，请您听一

名师指津
俄耳甫斯把对妻子的思念和自己的痛苦都融入了他的音乐之中，掺杂了这种悲伤的音乐自然会让很多人都感到悲伤，更何况他的音乐本来就那么美呢！

名师指津
生动地展现了当时俄耳甫斯的难过之情。

下我的苦衷吧，我说的都是实话，我的父亲是太阳神阿波罗，我并不是为了刺探秘密而来，我只是想要找到我的妻子。她是个凡人，不小心中了蛇毒，离开了人世，来到了您的国度。我，一个活人来到这里，是因为我心中的爱情火焰一直在燃烧，不肯熄灭。它们驱使我来到这里，我们所有人的生命都注定是您的，迟早都会归您所有。可是在这以前，请您把她赐给我吧，我恳求您，尊敬的王。如果您不答应我的请求，那么我也就只有留在这里，我不会回去。因为我的妻子需要陪伴，我不想让她一个人孤独地留在这个世界里，我在这里就可以唱歌给她听，弹琴给她听……"

俄耳甫斯一席话，加上他的音乐让在场的每个人都感动得流下了眼泪，连那些受惩罚的鬼魂都暂时忘记了痛苦。坦塔罗斯尽管口渴难忍，还是暂时停止了喝水的欲望。伊克西翁的转轮也静止不动了，秃鹰不再撕扯提堤俄斯的肝脏。达纳俄斯的女儿们都停下手，暂时不再用筛子汲水……据说，这是复仇三女神**有史以来**第一次**泪流满面**。听完这番话，哈迪斯的妻子珀耳塞福涅**为之动容**，哈迪斯本人也动了恻隐

名师指津

对其他事物的描写更加烘托出俄耳甫斯的音乐天赋及爱情的伟大。这种描写方式产生的感动效果大大超过了直接描述，使我们更加为俄耳甫斯的音乐天赋和爱情折服。

之心。所以，不一会儿，欧里狄克就被召唤了上来。

俄耳甫斯看见自己心爱的妻子拖着受伤的脚**一瘸一拐**地从那些鬼魂中间走出来，俄耳甫斯心疼得立马上前去扶住妻子，俄耳甫斯要求带妻子回到人世。冥王犹豫了一下还是同意了，但同时提出一个条件，要求俄耳甫斯带妻子离开的时候，让妻子跟在自己的后面。在出地狱之前，他一定不能回头看一眼他的妻子，否则，妻子就会马上被带回地狱，并且永世不得超生，俄耳甫斯同意了。

出地狱的路很黑，俄耳甫斯牵着妻子的手，让妻子跟在自己后面，他小心翼翼地在前面探路，他们在一片寂静中穿过无数险陡的路。他们快要到达人世出口的时候，从黑暗中传来一线光明。俄耳甫斯断定那是太阳的光芒，他异常兴奋，高兴得**一蹦三尺高**，忘记了冥王的嘱咐，立即回头对妻子说道："看，太阳，我们到了。"

可是话音还没有落下，妻子马上就被拖走了！这时，俄耳甫斯焦急万分，想伸手拉住妻子，可是他抓不到她。欧里狄克看着痛苦的丈夫，只能痛苦地向他道别："永别了，俄耳甫斯。"俄耳甫斯奋力地追上去，他想再次拯救妻子。

名师指津

"一蹦三尺高"突出地表现了俄耳甫斯见到一丝光明时激动的心情，用词十分准确。

可是到了冥河渡口的时候却被船夫拒绝了，不让他上船。俄耳甫斯难过极了，他接连七天七夜守在冥河边上，不断徘徊，不吃不睡，他用音乐控诉冥王的残忍，向山石诉说自己的哀怨，这样哀怨的歌声就连虎狼听了也是**于心不忍**，感动得树木都移动了位置。俄耳甫斯从此远离女性，久久地沉浸在自己孤单的世界里，怀念自己的妻子。

色雷斯王国的少女们爱慕俄耳甫斯，试图引诱他，以得到他的爱情，可是俄耳甫斯根本不理会她们，连一句话都不跟她们说。姑娘们都觉得受到了俄耳甫斯的蔑视，她们非常愤怒，在一次酒神的祭奠仪式上，她们喝多了酒，其中的一个少女看到了俄耳甫斯，她大声地喊道："看，那就是藐视我们的人，他无视我们的爱情！"她将手里的标枪向俄耳甫斯投过去，这些女子疯狂地向俄耳甫斯投掷石块。俄耳甫斯在她们的攻击之下，渐渐地倒在了地上，但是俄耳甫斯似乎没有觉得痛苦，他在死的时候嘴角还挂着微笑。这些女子将他的尸体撕碎，然后把尸体和七弦琴扔到赫布鲁斯河里。俄耳甫斯的头和七弦琴不断地发出低语般的哀乐

名师指津
通过"七天七夜"这个具体的数字，突出地表现了俄耳甫斯再度失去妻子时的悲痛。

名师指津
此处渲染了悲凉却又凄美的气氛。

声，两岸则伴之以凄楚的和声。

缪斯女神把俄耳甫斯残缺的尸体埋在利伯特，据说，夜莺在他墓前唱得比在希腊其他地方更加委婉动听。他用过的七弦琴后来到了群星之间。他死后再一次来到了冥界，这一次，他终于又看到了自己**日思夜想**的妻子。欧里狄克伸出双臂热情地拥抱他。

从那之后，他们终于又在一起了，俄耳甫斯再也不用担心，会因为无心之瞥而失去自己的妻子了。

品读与赏析

爱情是古希腊神话中的一个重要主题，不管是神与神之间，还是神与人之间。在众多的爱情故事中，这一篇是最打动人的。俄耳甫斯的执着，俄耳甫斯的哀伤，俄耳甫斯死前想到的幸福，这一切都如同他美妙的音乐一样深深烙在人们的心里，这样的爱情才是真正值得我们讴歌的爱情。

本文使用了比喻修辞等手法，生动形象地表现了俄耳甫斯在音乐方面所具有的高超技艺，以及他在失去妻子后的伤心欲绝。故事情节跌宕起伏，语言简洁生动，很好地激发了读者的阅读兴趣。

读书笔记

太阳神之子——法厄同

名师导读

法厄同为了证明自己不是太阳神的私生子，他鲁莽地冲进父亲的宫殿，要求父亲答应自己的条件，可是他的鲁莽却给人间酿成了一场巨大的灾难。

法厄同是太阳神和凡人女子克吕墨涅的私生子，他有时候和母亲住在一起，有时候去父亲的宫殿居住。他从小受到父母的宠爱，**娇生惯养**，变得越来越任性。当他满十八岁的时候，母亲又把他送到父亲的宫殿。

太阳神的宫殿是用华丽的圆柱支撑的，圆柱上镶着闪亮的黄金和璀璨的宝石，屋顶铺着雪白的象牙，两扇银质的大门上雕着美丽的花纹和人像，记载着人间无数美好而又古老的传说。法厄同跨进宫殿，就要找父亲谈话，但是他不敢走得太近，因为父亲身上散发着一股炙人的热光，靠得太近他就会受不了。

太阳神穿着古铜色的衣裳。他坐在装饰着耀眼绿宝石的宝座上，在他的左右依次站着他的文武随从。一边是日神、月神、年神、世纪神等。另一边是四季神，其中春神年轻娇艳，戴着花项链；夏神目光**炯炯有神**，披着金黄的麦穗衣裳；秋神仪态万千，手上捧着芬芳诱人的葡萄；冬神寒气逼人，雪花般的白发彰显了无限的智慧。有着一双慧眼的太阳神**正襟危坐**，正要发话，突然看到儿子来了。儿子看到这天地间威武的仪仗，正在暗自惊讶。

"什么风把你吹到父亲的宫殿来了，我的孩子？"他亲切地问道。

"尊敬的父亲，"儿子法厄同气冲冲地回答说，"您告诉我，我到底是不是您的亲生儿子？"太阳神非常吃惊，不知道儿子为什么突然问这么让人尴尬的问题，因为他已经不和法厄同的母亲生活在一起了，但他还是回答道："法厄同，你怎么会**胡思乱想**呢？你当然是我的儿子。"法厄同继续问道："那为什么大地上有人嘲笑我，谩骂我的母亲克吕墨涅。他们说我自称是天国的子孙，其实不是，还说我是私生子，说我父亲是不知姓名的男人。所以我来请求父亲给我一些凭证，让我向全世界证明我确实是您的儿子。"

他讲完话，太阳神收敛围绕头颅的万丈光芒，吩咐年轻的儿子走近一步。他拥抱着儿子，说："我的孩子，你的母亲克吕墨涅已经将真相告诉了你，我永远也不会否认你是我的儿子，为了消除你的怀疑，你向我要一份礼物吧。我指着冥河发誓，一定会满足你的愿望！"

法厄同没有等父亲说完，立即说："父亲，您太好了，我现在相信我是您的儿子，那么请您满足我**梦寐以求**的愿望吧，让我用一天时间独自驾驶那辆带翼的太阳车！"

太阳神听到这个要求吓得**面如土色**，一阵惊恐，脸上流露出后悔莫及的神色。他一连摇了三四次头，最后忍不住大声地说："哦，我的孩子，我如果能够收回诺言，那该多好啊！你的要求远远超出了你的能力。你还年轻，而且又是人类！没有一个神敢像你一样提出如此狂妄的要求。因为除了我以外，他们中还没有一个人能够站在喷射着火焰的车轴上。我的车必须经过陡峻的路。即使在早晨，马匹精力充沛，拉车行路也很艰难。旅程的终点是在高高的天上。当我站在车上到达天之绝顶时，也感到**头晕目眩**。只要我俯视下面，看到辽阔的大地和海洋在我的眼前无边无际地展开，我就会吓得双腿都发颤。过了终点以后，道路又急转直下，需要牢牢地抓住缰绳，小心地驾驶。甚至在下面高兴地等待我的海洋女神也常常担心，怕我一不注意就从天上掉入万丈海底。并且，天在不断地旋转，我必须竭力保持与它平行逆转。因此，即使我把车借给你，你又如何能驾驭它？我可爱的儿子，趁现在还来得及，放弃你的愿望吧！你可以重提一个要求，从天地间的一切财富中挑选一样。我指着冥河起过誓，你要什么就能够得到什么！"

可是这位年轻人很固执，不肯改变他的愿望，太阳神已经立过神祇的誓言，怎么办呢？他不得不拉着儿子的手，朝太阳车走去。车轴、车辕和车轮都是金的。车轮上的辐条是银的，车辀上嵌着闪亮的宝石。法厄同对太阳车精美的工艺**赞叹不已**。**不知不觉**中，天已破晓，东方露出了一抹朝霞。星星一颗颗地隐没了，新月的弯角也在西方的天边消失。现在，阿波罗命令时光女神赶快套马。女神们从豪华的马槽旁把喷吐火焰的马匹牵了出来，马匹都被喂了可以**长生不老**的饲料。她们给马

名师指津
运用反问强烈地反映出太阳神对儿子提出的超出自己能力的要求的不赞同与担心，增强了语气，加强了表达效果。

匹套上漂亮的辔具。然后，父亲用圣膏涂抹儿子的面颊，使他可以抵御熊熊燃烧的火焰。他把光芒万丈的太阳光环戴到儿子的头上，不断叹息地警告儿子说："孩子，千万不要使用鞭子，要紧紧地抓住缰绳。马会自己飞奔，你要控制它们，使它们跑慢些。你不能过分地弯下腰去。否则，地面就会**烈焰腾腾**，甚至会**火光冲天**。当然你也不能站得太高，当心别把天空烧焦了。上去吧，黎明前的黑暗已经过去，抓住缰绳吧！可爱的儿子，现在还来得及重新考虑一下，抛弃你的妄想，把车子交给我，让我把光明送给大地，而你留在这里看着吧！"

这个年轻人好像没有听到父亲的话，他嗖地一下跳上车子，兴冲冲地抓住缰绳，朝着**忧心忡忡**的父亲点点头，表示由衷的感谢。

四匹有翼的马嘶鸣着，它们灼热的呼吸在空中喷出火花。马蹄踩动，法厄同让马儿拉着车辕。即将启程了，海洋女神忒提斯走上前来，她不知道法厄同的命运，亲自给他打开两扇大门。于是，世界广阔的空间展现在他的眼前。马匹飞速向前，奋勇地冲破了拂晓的雾霭。

马匹似乎知道今天驾驭它们的是另外一个

人，因为套在颈间的轭具比平日轻了许多，如同一艘载重过轻，在大海中摇荡的船只，太阳车在空中颠簸摇晃，像一辆空车。后来，马匹觉察到今天的情况异常，它们离开了平日的轨道，任性地奔跑起来。

法厄同颠上颠下，感到一阵战栗，失去了主张，他不知道朝哪一边拉绳，也找不到原来的道路，更没有办法控制撒野的马匹。当他偶尔朝下张望，看见一望无际的大地展现在眼前时，他紧张得脸色发白，双膝也因恐惧颤抖起来。他回过头去，看到自己已经走了很长一段路程，望望前面，路途更长。他**手足无措**，不知道该怎么办才好，只是呆呆地看着远方，双手抓住缰绳，既不敢放松，也不敢过分拉紧。他想吆喝马匹，但是又不知道它们的名字。惊慌之中，他看到星星散布在空中，奇异而又可怕的形状如同魔鬼。他不禁倒抽一口气，**不由自主**地松掉了手中的缰绳。马匹拉着太阳车越过了天空的最高点，开始往下滑行。它们漫无边际地在陌生的空中乱跑，一会儿高，一会儿低。有时，几乎触到了高空的恒星；有时，几乎坠入邻近太阳的半空。它们掠过云层，云彩被烤得直冒白烟。后来，马儿又漫不经心地拉着车，差点撞在一座高山顶上。

大地受尽炙烤，因灼热而龟裂，水分全都蒸发了。田里几乎冒出了火花，草原干枯，森林起火。大火蔓延到广阔的平原。庄稼被烧毁，农民被烤得**焦头烂额**，耕地成了一片沙漠，无数城市冒着浓烟。山丘和树林烈焰腾腾。据说，黑人的皮肤就是那时变成黑色的。河川翻滚着热水，可怕地**逆流而上**，直到源头，最后都干涸了。大海在急剧地凝缩，从前是海洋的地方，现在却成了干巴巴的沙砾。

法厄同看到世界各地都在冒火，**热浪滚滚**，他自己也感到炎热难忍。他呼出的气体好像是从滚热的大烟囱里冒出来似的。他感到脚下的车子好像一座燃烧的火炉，浓烟、热气把他包围住了，地面上爆裂开来的灰石从四面八方朝他袭来。最后，他支撑不住了，马和车完全失去了控制。乱窜的烈焰烧着了他的头发。他一头扑倒，从豪华的太阳车里跌落下去。可怜的法厄同如同燃烧着的一团火球，在空中急剧落下。法厄同头朝下跌落，燃烧的头发化为流星，掉落的轨迹成了银河，太阳车的两个轮子落下来变成了南极圈和北极圈。太阳神目睹了这悲惨的情景，他抱住头，陷于深深的悲伤之中。

泉水女神那伊阿得斯同情这个遭难的年轻人，就埋葬了他。他的尸体被烧得残缺不全。绝望的母亲克吕墨涅与她的女儿赫利阿得斯（又叫法厄同尼腾）抱头痛哭。她们一连哭了四个月，最后温柔的妹妹变成了白杨树。而她们的眼泪则成了晶莹的琥珀。

品读与赏析

法厄同的莽撞破坏了本来的规律，所以他理应受到应有的惩罚，悲剧是他自己酿成的。他不知天高地厚地向父亲提出要求，虽然阿波罗苦苦劝诫却无济于事。本来为了证明自己是父亲的儿子这个动机并没有什么错，可是站在人类的立场上来看，他这样的动机也成了罪恶的根源，法厄同鲁莽的性格注定了他的悲剧。

本文使用了景物描写、动作描写等多种写作手法，通过描写太阳神宫殿，凸显了其华丽而肃穆。通过对法厄同在太阳车上不知所措的一系列动作描写，凸显了他当时的恐惧、无奈、不知所措的心境。通过列举具体数字，凸显了法厄同的亲人在失去他后的痛苦。

读书笔记

普罗米修斯

名师导读

　　普罗米修斯不仅创造了人类，还想尽办法使人类拥有了灵魂和智慧，并且千方百计地使人类得到幸福。为此，他不断地和天神宙斯作对，欺骗宙斯，从宙斯那里盗来火种。而面对如此猖狂的普罗米修斯，宙斯又怎会善罢甘休呢？

　　天和地被创造出来，大海波浪起伏拍击海岸。鱼儿在水里嬉戏，鸟儿在空中歌唱。大地上动物成群，但是还没有一个具有灵魂的、能够主宰周围世界的高级生物。这时，普罗米修斯降生了，他是被宙斯放逐的古老的神祇的后裔，是地母盖亚与乌拉诺斯所生的忒弥斯的儿子。他聪慧而睿智，知道天神的种子蕴藏在泥土中，于是他就捧起泥土，用河水把它沾湿调和，按照世界的主宰，即天神的模样，将其捏成人形。

　　普罗米修斯为了给泥人生命，**绞尽脑汁**。当他看到大地上的各种动物时，他突然有了主

名师指津

　　景物描写，通过对大海、鱼儿、鸟儿等进行描写，交代了普罗米修斯诞生的背景，以此推动故事情节的发展。

意。他看到狮子，就摄取了狮子灵魂中的勇猛，看到狗就摄取了狗灵魂中的忠诚。就这样，他从各种动物的灵魂中摄取了马的勤劳、鹰的远见、熊的强壮、鸽子的温驯、狐狸的狡猾、兔子的胆怯和狼的贪婪，然后把这些糅合混杂，将它们封进人的胸膛里。这样，人就可以像动物一样活动了。但是他还觉得人类缺少了灵气。在天神中，他有一个朋友，即智慧女神雅典娜，她惊叹这泰坦神之子的创造物，于是便朝有一半灵魂的泥人们吹起了神气，使它们获得了灵性，从而使普罗米修斯创造的生物成为真正的人。

就这样，第一批人在世上出现了，他们繁衍生息，不久就形成了一大群人，而且遍布各处。但是有很长一段时间，他们不知道该怎样使用他们的四肢，也不知道该怎样使用神赐予的灵魂。他们**视而不见**，**听而不闻**，如同在梦中一样，总是漫无目的地走来走去，却不知道发挥自身的作用。他们不知道采石、烧砖，也不知道砍伐林木将其制成椽梁，然后再用这些材料建造房屋。他们如同蚂蚁一样，蛰居在没有阳光的土洞里，觉察不了冬去春来**夏隐秋至**。他们做事情样样都毫无计划。

名师指津

将普罗米修斯创造出来的第一批人比喻成蚂蚁，生动形象地说明了当时的人还处于懵懵懂懂的阶段，其聪明智慧几乎还没有被挖掘出来，说明了当时人类社会的落后。

于是，普罗米修斯便来帮助他的创造物。他教会他们观察日月星辰的升起和降落；给他们发明了数字和文字，让他们懂得计算和用文字交流思想；他还教他们驾驭牲口，来分担他们的劳动负担，使他们懂得给马套上缰绳拉车或者作为坐骑；他发明了船和帆，让他们在海上航行；他关心人类生活。从前，生病的人不知道用药物治病，不知道涂药膏或者服药来减轻痛苦，许多病人因缺医少药而悲惨地死去，现在，普罗米修斯教会他们调制药剂来防治各种疾病。另外，他还教会他们占卜，解释鸟的飞翔和祭祀显示的各种征兆。他引导他们勘探地下的矿产，让他们发现矿石，开采铁和金银。他教会他们农耕技艺，使他们生活得更舒适。

然而，人类渐渐强大，他们形成了一个庞大的智慧团体，这引起了天神们的注意，于是宙斯就要求人类敬奉天神，服从神祇。作为交换，他也可以保护人类，赐福人类。

有一天，在希腊的墨科涅，神祇们集会商谈，确定人类的权利和义务。普罗米修斯作为人类的保护者出席了会议。在会上，他设法使诸神不要因为答应保护人类而提出苛刻的献祭

名师指津
宙斯因为感觉到了普罗米修斯创造的这个群体的智慧与强大，害怕他们有朝一日成为自己的心腹大患，于是就想出了这么一招，想要先控制住人类。

条件。这位泰坦神的儿子决心运用他的智慧来蒙骗神祇，他代表他的创造物宰了一头大公牛，请神祇选择他们喜欢的那部分。他把献祭的公牛切成碎块，分为两堆。其中一堆放上肉、内脏和脂肪，用牛皮遮盖起来，上面放着牛肚子；另一堆放的全都是牛骨头，巧妙地用牛的板油包裹起来，这一堆比另一堆大一些。全知全能的众神之父宙斯看穿了他在玩弄伎俩，便说："伊阿佩托斯的儿子，尊贵的王，我的好朋友，你把祭品分得多不公平啊！"这时，普罗米修斯越发相信他骗过了宙斯，于是就暗自笑着说："尊贵的宙斯，永恒的众神之祖，您就按照自己的心愿挑选一堆吧！"宙斯心里很气恼，却故意伸出双手去拿雪白的板油。当他剥掉板油，看清这全都是剔光的骨头时，装作直到现在才发觉上当，气愤地说："我看到了，伊阿佩托斯的儿子，你还没有忘掉你欺骗的伎俩！"宙斯受了欺骗，决定报复普罗米修斯。他拒绝向人类提供生活必需的一样东西——火。

可是伊阿佩托斯的儿子非常机敏，马上想出了巧妙的应对办法。他拿来一根又粗又长的茴香秆，扛着它走近驰来的太阳车，将茴香秆伸到它的火焰里点燃，然后带着闪烁的火种回到地上。很快第一堆木柴燃烧起来，火越烧越旺，**烈焰冲天**。宙斯见人间升起了火焰，大发

雷霆，他眼看已无法把火从人类那儿夺走了，便很快想出了制造新的灾难来惩罚人类，以便抵消火带给人类的福祉。宙斯**勃然大怒**，他命令火神赫菲斯托斯造了一尊美女石像。雅典娜由于渐渐妒忌普罗米修斯，也对他失去了好意，她亲自给石像披上了闪亮的白衣裳，蒙上了面纱，头上戴上了花环，束上了金发带。这金发带也是出自赫菲斯托斯之手。他为了取悦他父亲细心制作，金发带**造型精巧**，带子上饰有神态各异的动物形象。众神的使者赫耳墨斯传授给这妩媚迷人的石像语言的技能，美神阿佛洛狄忒赋予石像种种诱人的魅力。但是宙斯给这美丽的石像注入了恶毒的祸水，他给石像取名为潘多拉，意为"具有一切天赋的女人"。在众神馈赠她美貌、欲望、爱情等后，他就把这个年轻的女人送到人间，正在地上取乐游荡的众神见了这美得无法比拟的女人都**惊羡不已**。宙斯把她送到普罗米修斯的弟弟埃庇米修斯的面前，埃庇米修斯被潘多拉的美貌迷惑，完全想不起哥哥普罗米修斯曾经警告过他，让他不要接受奥林匹斯山上众神的任何馈赠。美女当前，埃庇米修斯很高兴地接纳了这个年轻美貌的女人，并娶她为妻，却不知道这一切都是宙斯设置的陷阱。

宙斯在潘多拉来到人间之前，赠送给潘多拉一个盒子，并且叮嘱潘多拉一定不能打开这个盒子，否则后果**不堪设想**。而众神在把各种优点赐予潘多拉的时候，也给了她一个致命的缺点，那就是让潘多拉拥有强烈的好奇心，宙斯越是嘱咐她不要打开，她想打开盒子的欲望就越强烈。潘多拉最后终于禁不住好奇打开了盒子，只见刹那间，里面冒出了大量的黑烟，并且迅速地扩散到大地的每一个角落，从盒子里面飞出来的饥荒、瘟疫、战争等各种灾害遍布人间，潘多拉被眼前的景象吓了一大跳，她急忙把盒子盖上，但是这一盖却把正要飞出来的希望盖在了箱底，于是"希望"便**永无天日**了。从此以后，各种各样的灾难充满了大地、天空和海洋。疾病日日夜夜在人类中蔓延、肆虐，而又悄无声息，因为宙斯不让它们发出声响。各种热病在大地上猖獗，死神**步履如飞**地在人间狂奔。接着，宙斯就向普罗米修斯本人进行了报复。

宙斯把这名仇敌交到赫菲斯托斯和两名仆

人的手里，这两名仆人外号叫作克拉托斯和皮亚，即强力和暴力。他们把普罗米修斯拖到斯库提亚的荒山野岭。在这里，他被牢固的铁链锁在高加索山的悬崖上，下临可怕的深渊。赫菲斯托斯不情愿执行父亲的命令，因为他很喜欢这位泰坦神的儿子，普罗米修斯是他的亲戚、同辈，是他的曾祖父乌拉诺斯的子孙，也是神祇的后裔。可是执行残酷命令的两个粗暴的仆人，因他说了许多同情的话，就把他痛斥了一顿。普罗米修斯被锁在悬崖绝壁上，他被直挺挺地吊着，无法入睡，无法弯曲一下疲惫的双膝。"不管你发出多少哀诉和悲叹，都是**无济于事**的，"赫菲斯托斯对他说，"因为宙斯的意志是**不可动摇**的，这些最近才从别人手里夺得权力的神祇都是非常狠心的。"

这位囚徒被判受永久的折磨，至少也得三万年。尽管他大声悲叫，并且呼唤风儿、河川、大海、万物之母大地，以及注视万物的太阳来为他的苦痛作证，但是他的精神却是**坚不可摧**的。

"无论谁，只要他学会承认定数的不可制伏的威力，"他说，"就必须承受命中注定的痛苦。"宙斯每天派一只恶鹰去啄食被缚的普罗米

修斯的肝脏，肝脏被吃掉，很快又恢复原状。**日复一日，年复一年**，普罗米修斯吊垂在陡崖之上，身体不能入睡，双膝不能弯曲，忍受着饥饿、炎热、寒冷，还有肝脏被啄食之苦。让宙斯恼火的是，虽然普罗米修斯饱受痛苦，却不服输，普罗米修斯的痛苦直到有人愿意为他献身的时候才能结束。

为不幸的普罗米修斯解除苦难的一天终于到来了。在他被吊在悬崖上，度过了漫长的悲惨岁月以后，有一天，赫拉克勒斯为寻找赫斯珀里得斯来到这里。他看到恶鹰在啄食可怜的普罗米修斯的肝脏，这时，他便取出弓箭，把那只残忍的恶鹰从这位苦难者的肝脏旁一箭射落。随后，赫拉克勒斯松开锁链，解救了普罗米修斯，带他离开了山崖。为了满足宙斯的要求，赫拉克勒斯把半人半马的肯陶洛斯族的喀戎作为替身留在悬崖上。喀戎虽然可以要求永生，但是为了解救普罗米修斯，他甘愿献出了自己的生命。为了彻底执行宙斯的判决，普罗米修斯必须永远戴一只铁环，环上镶上一块高加索山上的石子。这样，宙斯就可以自豪地宣称，他的仇敌仍然被锁在高加索山的悬崖上。

品读与赏析

　　普罗米修斯以他对人类的博爱征服了我们，他创造出人类，又赋予人类生命，想尽办法给予了人类智慧和灵魂。为了给人类带来幸福，他又冒着生命危险不惜处处和天神作对。在从给人类争取权利到最后被处罚的过程中，他所表现出来的睿智、博爱、坚强、勇敢都给我们留下了深刻的印象。

　　本文使用了景物描写的写作手法，生动而形象地展现出了普罗米修斯诞生的时代背景。此外，文中还多处利用细节描写，充分地表现出了普罗米修斯为人类做出的无私奉献与宁肯饱受折磨也不屈服的坚强。

读书笔记

_____

_____

_____

_____

_____

_____

_____

_____

人类时代的变迁

人类从诞生到现在经过了漫长的过程，宙斯每每看不惯人类的作风就会发怒，只要一发怒就把这一代的人根除掉，然后他再创造出不同的人类来。他所创造出来的每一代人的风貌都与上一代不一样，但是不管怎样变更，人类好像总是不能让神祇们满意。

按照古希腊神话来推算，神祇一共创造了五代人。

神祇创造的第一代人乃是黄金的一代，即普罗米修斯创造的这一代人。那时候，统治天国的是克洛诺斯。这代人生活得如同神祇一样，他们**无忧无虑**，没有繁重的劳动要做，也没有苦恼和贫困。大地给他们提供了各种各样的硕果，草地上牛羊成群，他们平和地从事劳动，几乎不会衰老。当他们感觉到死期来临的时候，便沉入安详的长眠之中。当命运之神判定黄金的一代人从地上消失时，他们都成为仁慈的保

名师指津

第一代人是神的化身，他们是一切正义、善良的代表，因为当人类刚被神祇创造出来的时候，是以神祇自身为标准的，但是他们又太接近神祇，所以这一代的人要从地上消失，并且化身为神，在云雾中活动。

71

护神，在云雾中来来去去。他们是一切善举的施主，维护法律和正义，惩罚一切罪恶。这样的幸福生活一直持续了一亿多年，黄金一代才走到生命的尽头。

后来，神祇用白银创造了第二代人类，他们在外貌和精神上都与第一代人类不同。娇生惯养的孩子生活在家中，受到母亲的溺爱和照料，十多岁了个人生活都不能自理。他们害怕黑夜，害怕与外界接触，而且他们爱哭。即使已经成家立业，他们还是跟孩子一样成天嘻嘻哈哈，没有大人的样子。虽然年龄都已经过百了，但是在思想上，他们还是和小孩子一样，他们不喜欢长大，他们百年都保持着童真，在精神上不成熟。

等到步入老年时，他们的一生就只剩下短短的几年了，于是他们就任性放纵自己的行为，从而使这代人陷入苦难的深渊。他们无法节制自己热烈的感情，没有理智来控制自己，他们**尔虞我诈，肆无忌惮**地违法乱纪，不再给神祇献祭。他们对神祇的亵渎使宙斯十分恼怒，让他想把这个种族从地上消灭，因为他不愿意看到一个亵渎天神的种族存在。白银时代的人在生命终结之后，都化成了魔鬼在地上游荡。

天父宙斯创造了第三代人类，即青铜的人类。这代人跟白银时代的人完全不同，他们又是另一种天性。他们残忍而粗暴，只知道战争，总是互相厮杀。每个人都要**千方百计**地侮辱其他人。他们只吃动物的肉，不愿耗费精力去采摘田野上的各种食用果实。他们顽固的意志如同金刚石一样坚硬，人也长得异常高大壮实。他们使用的是青铜武器，住的是青铜房屋，用青铜农具耕种田地，因为那时还没有铁。他们不断发动战争，**无法无天**，更不会把神祇放在眼里。宙斯对这代人失望到了极点，加上这代人的残暴，所以青铜时代很快就结束了。他们离开晴朗而光明的大地之后，都被打入**阴森可怕**的冥府之中。

当青铜一代被打入冥府后，第四代人很快就出现在了大地上。这代人住在肥沃的大地上，他们比以前的人类更高尚，更公正。他们是神祇英雄的后代，即古代所称的半神的英雄们。可是最后他们也陷入战争和仇杀中，有的人为了夺取俄狄浦斯国王的国土，倒在底比斯的七道城门前；有的人为了美丽的海伦跨上战船，倒在特洛伊的田野上。高尚、公正、善良的他们最后都被卷入了斗争的漩涡，命运都相当悲惨。当他们在战争和灾难中结束了在地上的生活后，宙斯把他们送往极乐岛居住和

生活。极乐岛在天边的大海里，风景优美。他们过着宁静而幸福的生活，富饶的大地每年给他们提供三次甜蜜的果实。

古代诗人希西阿在说到**世世代代**的人类传说时，慨叹道："唉，如果我不生在现今人类的第五代的话，如果我早一点去世或者晚一点出生的话，那该多好啊！因为这代人是由黑铁制成的！他们彻底堕落，彻底败坏，充满着痛苦和罪孽。他们**日日夜夜**地忧虑和苦恼，不得安宁。神祇不断地给他们增添新的烦恼，而最大的烦恼却是他们自身带来的。父亲反对儿子，儿子敌视父亲，客人憎恨款待他的朋友，朋友之间也互相憎恨，人间充满着怨仇。即使兄弟之间也不像从前那样坦诚相见，充满仁爱。白发苍苍的父母得不到怜悯和尊敬。老人备受虐待。啊，无情的人类啊，你们怎么忘了神祇将要给予的裁判，全然不顾父母的养育之恩？处处都是强权者得势，欺诈者横行无忌，他们在心里恶毒地盘算着如何去毁灭对方的城市和村庄。正直、善良和公正的人被践踏。拐骗者**飞黄腾达**，备受光荣。权力和克制不再受到敬重。恶人

名师指津

第四代虽然是个英雄的时代，但是最后高尚的人们都被卷入了斗争、复仇、诅咒中，预言主宰了人们的命运，他们不能选择自己的人生。他们在某种程度上受到神祇的无限阻碍，所以宙斯最后将他们送往了极乐岛。

名师指津

第五代是个黑白颠倒的时代，所有正直、善良的东西都被活生生地践踏，暗无天日，而那些肮脏、低劣的东西却高高在上，仇恨、嫉妒充斥了这个世界的每一个角落。

侮辱善人，他们说谎话，用诽谤和诋毁制造事端。实际上，这就是这些人如此不幸的原因。从前，至善和尊严女神还常来地上。如今，她也悲伤地用白衣裹住美丽的身躯，离开了人间，回到永恒的神祇世界。这个时候，留给人类的只是绝望和痛苦，没有任何的希望。"

品读与赏析

　　人类经历了黄金时代、白银时代、青铜时代、英雄时代以及现在的黑铁时代，每一个时代的人们都天性各异，但是几乎每个时代都是"好"与"坏"并行的时代。通过对人类所经历的五个时代的描写，我们更加深刻地理解人类到底应该怎样去生活。而生活在当代的我们应当更加珍惜我们的生活，应当将好的高尚的一切发扬光大，争取战胜那些依然在这个世界上存在的黑暗。

　　本文运用了多种写作手法，详细地介绍了黄金时代、白银时代、青铜时代、英雄时代以及黑铁时代的人的特点，语言朴实准确，故事情节十分精彩，很好地吸引了人们的眼球。

读书笔记

丢卡利翁和皮拉

名师导读

　　青铜时代的人们暴虐成性，宙斯在下界查看的时候，被人类的残暴激怒，他招来了一场浩大的洪水，决定要把这一代的人根除。最后，只有普罗米修斯的儿子丢卡利翁、儿媳皮拉存活下来。宙斯放过了他们，最终由他们创造了下一个时代的人。

　　在青铜时代，世界的主宰宙斯不断地听到这代人的恶行，他决定扮作凡人降临到人间去查看。他来到地上后，发现情况比传说中的要严重得多。

　　一天，在快到深夜时，他走进阿耳卡狄亚国王吕卡翁的大厅里，发现吕卡翁不仅待客冷淡，而且**残暴成性**。宙斯以神奇的法术表明自己是一个神的真身。人们看到宙斯的真身后都**大惊失色**，纷纷跪下来向他磕头叩拜，但吕卡翁却**不以为然**，嘲笑人们虔诚的祈祷。"让我们来考证一下，还不知道是不是个骗子呢？"吕卡翁说，"我倒要看看他到底是凡人还是神祇！"于是，他暗自决定趁着来客半夜熟睡的时候将宙斯杀害。

在这之前，他先悄悄地杀了一名人质，这是摩罗西亚人送来的可怜人，吕卡翁让人剁下人质的四肢，然后扔在滚开的水里煮，其余部分则放在火上烤，以此作为晚餐献给客人宙斯。

宙斯把这一切都看在眼里，知道吕卡翁的诡计，他被激怒了。他从餐桌边跳起来，唤来一团怒火，投放在这个**不仁不义**的国王的宫院里。国王**惊恐万分**，想逃到宫外去，可是他发出的第一声呼喊就变成了凄厉的嚎叫，他身上的皮肤变成粗糙多毛的皮；双臂支到地上，变成了两条前腿。从此，吕卡翁成了**嗜血成性**的恶狼。

回到奥林匹斯山后，宙斯与诸神商量，决定根除这一代可耻的人。他想用闪电惩罚整个大地，但是又担心天国会被殃及，宇宙之轴会被烧毁。于是，他就放弃了这种粗暴报复的念头，放下独眼巨人给他炼铸的雷电锤，决定向地下降暴雨，用洪水灭绝人类。当时，除了南风，所有的风都被锁在埃俄罗斯的岩洞里。南风接受了命令，他扇动着湿漉漉的翅膀直扑地面，南风可怕的脸黑得犹如锅底，胡须沉甸甸的，好像满天乌云。洪涛自他的白发流出，雾

78

霭遮盖着前额，大水从他的胸脯涌出。南风升在空中，用手紧紧地抓住浓云，狠狠地挤压。顿时，**雷声隆隆，大雨如注**。暴风雨摧毁了地里的庄稼，农民的希望就此破灭了，整整一年的辛劳都白费了。

宙斯的哥哥，海神波塞冬也不甘寂寞，急忙赶来帮着破坏，他把所有的河流都召集起来，说："你们应该掀起狂澜，吞没房屋，冲垮堤坝！"他们都听从他的命令。波塞冬亲自上阵，手执三叉神戟，撞击大地，为洪水开路，洪水汹涌澎湃，**势不可挡**。泛滥的洪水涌上田野，犹如狂暴的野兽一样，冲倒大村、庙宇和房屋。水势不断上涨，不久便淹没了宫殿，连教堂的塔尖也被卷入湍急的漩涡中。顷刻间，水陆莫辨，整个大地一片汪洋，无边无际。

面对滔滔的洪水，人类绝望地寻找救命的办法。有的爬上山顶，有的驾起木船，航行在淹没的房顶上。大水一直漫过了葡萄园，船底扫过了葡萄架。鱼儿在枝蔓间挣扎，漫山遍野逃遁的野猪被浪涛吞没、淹死。一群群人都被洪水冲走，幸免于难的人后来也饿死在光秃秃的山顶上。

名师指津
南风发动的暴风雨已经足够带给人类毁灭性的灾害，再加上波塞冬的推波助澜，整个大地岌岌可危。这从侧面描写出宙斯的愤怒和他对这一代人的极度失望。

名师指津
写出了在洪水面前众生的惨状。

在福喀斯，有一座高山的两个山峰露出水面，这就是帕耳那索斯山。普罗米修斯的儿子丢卡利翁事先得到父亲的警示，造了一条大船。当洪水到来时，他和妻子皮拉躲在船里面，并且驾船驶往帕耳那索斯山。在这个青铜时代，丢卡利翁和皮拉是最善良、最虔诚的人了。宙斯召唤大水淹没大地，报复了人类。他从天上俯视人间，看到千千万万的人中只剩下一对可怜的人漂在水面上，这对夫妇善良而信仰神祇。于是，宙斯平息了怒火。他唤来北风，北风驱散了团团乌云和浓浓的雾霭，让天空**重现光明**。掌管海洋的波塞冬见状也放下三叉戟，使滚滚的海浪退去，海水驯服地退到高高的堤岸下，河水也回到了河床。树梢从深水中露了出来，树叶上沾满污泥。群山重现，平原伸展，大地复原。

丢卡利翁看看周围，**大地荒芜**，**一片泥泞**，如同坟墓一样死寂。看着这一切，他禁不住淌下了眼泪，对妻子皮拉说："亲爱的，我朝远处眺望，看不到一个活人。我们两个人是大地上仅存的人类，其他人都被洪水吞没了，可是我们也很难生存下去。我看到的每一朵云彩都使我惊恐。即使一切危险都过去了，我们两个孤单的人在这荒凉的世界上，又能够做什么呢？唉，要是我的父亲普罗米修斯教会我创造人类的本领，教会我把灵魂给予泥人的技术，那该多么好啊！"妻子听他说完，也很悲伤，他们来到半荒废的圣坛前跪下，向女神忒弥斯恳求说："女神啊，请告诉我们，该如何创造已经灭亡了的一代人类。啊，帮助沉沦的世界再生吧！"

"你们要离开我的圣坛，"女神回答说，"我真心希望你们能够**如愿以偿**。为了创造新的人类，你们必须戴上面纱，解开腰带，然后把你们母亲的骸骨扔到你们的身后去！"

两个人听了这神秘的言语，感觉十分惊讶，且莫名其妙。皮拉首先打破了沉默，说："高贵的女神，宽恕我吧。我不得不违背你的意愿，因为我不能扔掉母亲的遗骸，我不想冒犯她的阴魂！"

丢卡利翁的心里却**豁然开朗**，他顿时领悟了，于是就好言抚慰妻子说："如果我的理解没有错，那么，女神并没有叫我们做不敬的事。大地正是我们仁慈的母亲，石块一定是她的骸骨。皮拉，我们应该把石块扔到身后去！"

话虽然这么说，但是两个人还是**将信将疑**，他们想：不妨尝试一下。于是，他们转过身子，蒙住头，再松开衣带，然后按照女神的命令，把石块朝身后扔去。

奇迹出现了：石块突然不再坚硬，而是变得柔软、巨大，逐渐成形，于是人的模样开始显现出来，可是还没有完全成形，好像艺术家刚在大理石上雕琢出来的粗略的轮廓。石块上湿润的泥土变成了一块块肌肉，结实坚硬的石块变成了骨头，石块间的纹路变成了人的脉络。奇怪的是，丢卡利翁往后扔的石块都变成了男人，而妻子皮拉扔的石块全都变成了女人。

品读与赏析

善恶终有报，残忍的国王与善良的丢卡利翁夫妇得到了不一样的结局，丢卡利翁夫妇身上所具有的善良和虔诚都在他们创造的下一代人身上得到了体现。

本文使用了比喻修辞、语言描写等手法，将洪水比作野兽，凸显了洪水的暴虐及其带来的危害。而对丢卡利翁夫妇的语言进行描写，则充分地展现了这两个人善良的品质和对神灵的虔诚，引出了后续的故事，推动了故事的发展。

读书笔记

欧罗巴

名师导读

在遥远古代，腓尼基富庶之城西顿的王者阿革诺耳膝下育有一名绝世美人，名为欧罗巴。一天，一个奇特的梦境萦绕在欧罗巴的脑中……而在现实生活中出现的公牛又会给欧罗巴的生活带来怎样的变化呢？

阿革诺耳，腓尼基富庶之城西顿的王者，膝下育有三名王子和一位公主。这位公主容貌绝美，恍若永生的女神，名为欧罗巴。某夜，欧罗巴陷入一个奇特的梦境，梦中亚细亚大陆与**隔海相望**的另一片土地化身为两位女子，为争夺她而展开激战。尽管生她养她的亚细亚努力抗争，最终仍败下阵来，不得不将欧罗巴拱手让予另一位女子。欧罗巴从梦中惊醒，心头涌起一股莫名的恐惧，她无法解读这个梦境的寓意。

欧罗巴虔诚地向众神祈祷，若这梦境真的预示着不幸，希望他们能为她消除潜在的灾难。

重点解读

欧罗巴在梦中见到亚细亚大陆与隔海相望的另一片土地化身为两位女子，进行激烈的争夺。这种将地理区域拟人化的手法，为故事增添了一层神秘和奇幻的色彩。

随后，她换上金线编织的华贵紫袍，与女伴们一同前往海边那片**绿草如茵**、百花争艳的原野。在那里，西顿的姑娘们欢声笑语，嬉戏玩耍，采摘着各色鲜花，放入金花篮中。她们摘取洁白如雪、**香气四溢**的水仙，以及色彩斑斓的番红花、紫罗兰和百合。在众多女伴中，阿革诺耳的女儿欧罗巴格外**娇艳动人**，仿佛是被美惠女神们簇拥着的阿佛洛狄忒。她偏爱那火红的玫瑰，一朵朵地采摘，轻轻放入篮中。

当姑娘们的花篮都已装满，她们便欢声笑语地跳起了欢快的环舞。她们的笑声在鲜花盛开的草地上回荡，在蔚蓝大海的上空飘荡，与那轻柔的海浪声交织成一幅美妙的画卷。

然而，欧罗巴这种无忧无虑的日子并未持续太久。宙斯对她一见倾心，决心将她带走。为了不惊吓到这位年轻的姑娘，宙斯化身为一头雄壮而美丽的公牛。这头公牛的毛发犹如金子般闪耀，只在脑门上有一块银白色的斑点，如同夜空中明亮的月亮，熠熠生辉。公牛的金色牛角弯曲优雅，宛如初升的新月，在晚霞的映衬下显得分外迷人。

这头俊美的公牛悠然地踏入草地，步伐轻

名师指津

环舞作为一种集体舞蹈，通常象征着团结与欢乐，展现了姑娘们的青春活力和对生活的热爱。

盈，蹄子轻触青草，缓缓走向那些嬉戏的姑娘们。西顿的姑娘们见到这头公牛，没有丝毫畏惧，纷纷围上前去，温柔地抚摸着它。公牛径直走到欧罗巴身边，用脸触碰她的手背，显得异常亲昵。它的气息中散发出神祇食物的香气，使得整个空气中都弥漫着一种神秘的芳香。

欧罗巴被金牛的温柔吸引，她轻轻抚摸着那金色的毛发，甚至搂住牛头，用脸颊温柔地轻蹭着它，仿佛在与它进行一场无声的亲密对话。公牛似乎感受到了她的亲近，便在美丽的欧罗巴脚边温顺地卧倒，仿佛是在邀请她骑上自己的背脊。

欧罗巴面带微笑，轻盈地坐到了那头公牛宽阔的背上。其他姑娘见状，也**跃跃欲试**，想要一同体验这奇妙的旅程。然而，就在此刻，公牛突然跃起，以惊人的速度冲向无边的大海。

金角公牛如疾风般飞驰，跃入蔚蓝的海洋。它犹如海豚一般，在水中**迅疾穿行**，海浪自动为它让路。水珠从它身上滚落，如同金刚石般闪耀，却未曾沾湿欧罗巴**一丝一毫**。美丽的海

中女神们从深海中浮出，围绕着公牛游动，仿佛是在为它的**英勇壮举**喝彩。海神波塞冬也在众多海神的簇拥下出现，他驾驭着战车，手持三叉戟，削平海浪，为他的兄弟宙斯铺就了一条平坦的海上通道。

坐在牛背上的欧罗巴，一手紧握着金牛角，另一只手则提起紫袍的下摆，生怕被海水打湿。然而，她的担忧是多余的。大海发出柔和的涛声，咸涩的海水并未飞溅到她身上。海风轻轻吹拂着她的鬓发，衣衫**随风飘动**，仿佛在为她的旅程奏响乐章。海岸渐渐远去，最终消失在遥远的天际。四周只剩下无垠的大海和湛蓝的天空。

不久后，克里特岛的轮廓逐渐在远方浮现。公牛载着它心爱的姑娘，迅速而优雅地游向岸边，最终稳稳地踏上了坚实的陆地。自那一刻起，欧罗巴便成了宙斯的妻子，与他在克里特岛上定居下来。她与宙斯共同孕育了三个英勇而智慧的儿子——弥诺斯、拉达曼堤斯和萨耳珀冬。这三个儿子力量强大，**智慧过人**，他们如同璀璨的星辰，照耀着世界的每一个角落，为世人所传颂。

品读与赏析

　　从遇见公牛到成为宙斯的妻子，欧罗巴的内心发生着激烈的变化，也从侧面揭示了人与神之间的复杂关系。在文章中，欧罗巴的梦境成为一个重要的转折点。这个梦境不仅预示了欧罗巴未来的命运，也为整个故事的发展埋下了重要的伏笔。而在现实中，宙斯变成公牛出现在欧罗巴面前，更是将梦境中的情节变为了现实，使得欧罗巴的人生轨迹发生了翻天覆地的变化。

　　本文运用了多种写作手法，如心理描写、环境描写，为我们展现了一场充满奇幻与冒险的旅程。面对生活中的转折、挑战与未知，我们的主人公欧罗巴选择了用坚强乐观的心态去接受它，这让我们不禁对这位美丽坚强的女孩感到由衷的钦佩。

读书笔记

卡德摩斯

名师导读

　　卡德摩斯没有找到妹妹欧罗巴，却得到阿波罗的神谕要建造一座城市，但在建造城市的过程中，困难重重。

　　卡德摩斯是腓尼基国王阿革诺耳的儿子，欧罗巴的哥哥。宙斯带走欧罗巴后，国王阿革诺耳**痛苦万分**。他急忙派卡德摩斯和其他三个儿子福尼克斯、基立克斯和菲纽斯外出寻找，并告诉他们，找不到妹妹不准回来。卡德摩斯在出门以后**东寻西找**，始终打听不到妹妹欧罗巴的消息。他无可奈何，不敢回归故乡，因此就请求太阳神阿波罗赐予神谕："尊敬的太阳神啊，请告诉我，我应该在何处安身？"阿波罗迅即回答说："你将在一个孤寂的牧场上遇到一头牛，这头牛还没有套上轭具，它会带着你一直往前。当它躺在草地上休息的时候，你可以在那里造一座城市，把它命名为底比斯。"

　　正准备离开卡斯泰利阿圣泉时，卡德摩斯

突然看到前面绿色的草地上有一头母牛在啃草。他跪下来朝着太阳神阿波罗祈祷，表示感谢。随后，他向母牛走去，母牛领着他蹚过了凯菲索斯浅流后，就站在岸边不走了。突然它抬起头大声叫着，然后回过头来，看着跟在后面的卡德摩斯和他的随从，就满意地躺在绿草深软的草地里，正如阿波罗说的那样。

卡德摩斯怀着感激之情跪在地上，亲吻着这块陌生的土地。后来，他想给宙斯呈献一份祭品，于是就派出仆人，命他们到活水水源处取水，以供神祇品饮。附近有一片樵夫从来没有用斧子砍伐过的古老森林，林中山石间涌出一股清泉，**蜿蜒流转**，穿过了层层灌木，泉水晶莹、甜蜜，卡德摩斯决定把这里的水取来供神祇饮用。但是在这片森林里隐藏着一条毒龙，紫红的龙冠闪闪发光，**眼睛赤红**，好像喷出的火焰，身体庞大，口中伸出三条信子，犹如三叉戟，口中排着三层利齿。它藏在森林里面，没有人敢接近。仆人们走进森林，正要把水罐沉入水中打水时，蓝色的巨龙突然从洞中伸出脑袋，口中发出一阵可怕的响声，仆人们吓得连水罐都从手中滑落了，浑身的血液像是凝固

91

了。毒龙把它多鳞的身体盘成一团，然后蜷曲着身子往前耸动，高昂着头，凶狠地俯视着森林。最后，它终于朝腓尼基人冲了过来，把他们冲得**七零八落**，有的被咬死，有的被它缠住勒死，有的因它喷出的臭气窒息而死，剩下的人也被毒液毒死了。

卡德摩斯想不出为什么他的仆人去了这么久还不回来，最后，他决定亲自去寻找他们。他披上一件狮皮，手执长矛和标枪。最重要的是，他拥有一颗勇敢的心，它比任何武器都更锋利。卡德摩斯进入森林时看见一大堆尸体，死去的全都是他的仆人。

他看到恶龙得胜似的吐出血红的信子，舔食着遍地的尸体，卡德摩斯怒火中烧："可怜的朋友们啊！"卡德摩斯痛苦万分地叫了起来，"我要为你们复仇，不然就跟你们死在一起！"说着，他搬起一块大石头朝着巨龙投去。这样大的石头，连城墙和塔楼都能够打穿砸塌，可是毒龙竟**无动于衷**。卡德摩斯愣住了，毒龙坚硬的厚皮和鳞壳保护着它，如同铁甲。它继续**扬扬得意**地向卡德摩斯示威，吐着它血红的信子。卡德摩斯又狠狠地扔去一杆标枪，毒龙正扬扬得意，没有防备卡德摩斯的突然袭击，于是枪尖深深地刺入恶龙的内脏。巨龙疼痛难熬，狂暴地转过头来咬下身上的标枪，又愤怒地将它压碎，可是枪尖却仍然留在体内。恶龙虽然受了重伤，但是卡德摩斯这种无畏的行动激怒了恶龙，它的咽喉迅速地膨胀开来，喷吐着有剧毒的白沫，它像箭似的冲向卡德摩斯。卡德摩斯连忙向后退了一步，急忙用狮皮裹住身体，趁着巨龙扑过来的时候，把早已准备好的长矛刺进龙口。恶龙一口咬住了长矛，卡德摩斯拼命用力抵住长矛，恶龙的牙齿**纷纷掉落**。卡德摩斯坚持不放手，终于恶龙的脖子里流出了血水，但是其伤势并不严重，还能躲避攻击。它用力甩开卡德摩斯，卡德摩斯很难一下子置它于死地，好在恶龙受了伤，攻击力**大大减弱**。卡德摩斯越斗越勇，最后，他提着宝剑，看准机会，一剑朝恶龙的脖颈刺去。这一剑刺得**又狠又重**，不仅刺穿恶龙的脖颈，而且刺进后面的一棵大栎树里，把恶龙紧紧钉在树身上，恶龙就这样被制伏了。

卡德摩斯久久地凝视着被刺死的恶龙，半天都没有缓过神来，当他终于想离开的时候，只见雅典娜站在他的身旁，命令他把龙的牙齿播种在松软的泥土里，说这是未来种族的种子。卡德摩斯听了女神的话，他在地上开了一条宽阔的沟，然后把龙的牙齿慢慢地撒入土内。突

93

然，泥土下面开始活动起来。

卡德摩斯先看到一杆长矛枪尖露了出来，然后又看到土里冒出了一顶武士的头盔，整片树林在晃动。不久，泥土下面又露出了肩膀、胸脯和四肢，最后一个**全副武装**的武士从土里站起来。当然，还不止一个，不一会儿，地上长出了一整队武士。

卡德摩斯吃了一惊，他准备投入新的战斗中，连忙摆开了架势。可是自泥土中生长出的一个武士向他喊道："别拿武器反抗我们，千万别参加我们兄弟之间的战争！"他一边说，一边抽出剑对准刚从泥土中生长出的一位兄弟狠狠地挥去，而他自己又被别人用标枪刺倒在地。一时间，一队人厮杀起来，杀得**难解难分**。大地母亲吞饮着她所生的第一批儿子的鲜血，在一场血腥的厮杀之后，一大批的武士最后只剩下五个人，其中一人，后来被取名为厄喀翁，他首先响应雅典娜的建议放下武器，愿意和解，其他的人也同意了。

腓尼基王子卡德摩斯在这五位士兵的帮助下建立了一座新城市。根据太阳神的旨意，卡德摩斯把这座城市叫作底比斯。

品读与赏析

　　卡德摩斯为了建造新的城市，勇敢地和毒龙进行战斗，他对神祇的尊敬得到了神祇们的肯定。从这个故事里，我们可以看到希腊人民对神的尊敬与崇拜。他们相信只要尊敬神、爱戴神就一定会得到神的庇佑，像卡德摩斯一样，为了给神取来圣水，不惜牺牲自己的生命，勇敢作战。他用一颗坚强虔诚的心获得了众神的青睐，并且被赐予了幸福的生活。

　　本文多处运用比喻的手法，通过将毒龙的眼睛与三条信子比喻成火焰与三叉戟，将龙喷出的毒液比喻成发射出去的箭，生动形象地显示出这条龙的毒性之大及与龙战斗时的恐怖场面。

读书笔记

虚荣的坦塔罗斯

名师导读

　　坦塔罗斯泄露众神的隐私，众神碍于宙斯的面子没有点破，结果坦塔罗斯得寸进尺，杀了自己的儿子来测试众神的预知能力，从而触了众怒。

　　坦塔罗斯是宙斯的儿子，他统治着吕狄亚的西庇洛斯，这里以富有出名。由于**出身高贵**，诸神对他十分尊敬。他可以跟宙斯同桌用餐，不用回避神祇们的谈话。

　　由于诸神把他这样一个凡人当作友人看待，坦塔罗斯**沾沾自喜**，虚荣心**日益膨胀**。他经常在其他的国王面前吹嘘诸神是如何重视他：诸神之间发生纷争时经常找他做公证人；他们在下决定之前，总是会征求他的意见。

　　"坦塔罗斯，他们真的会征求你的意见吗？"其他的国王惊奇地问。

　　"那当然！"坦塔罗斯神气地说，"奥林匹斯山上的事情没有我不知道的！在他们做出决

名师指津

　　通过使用"神气""傲慢"两个词，生动展现出了虚荣心极强的坦塔罗斯在其他国王面前吹嘘自己的情形。

定之前，我总要提出自己的看法。"他显得非常傲慢。

国王们很怀疑坦塔罗斯的话，他们甚至不相信坦塔罗斯能够参加诸神的晚宴，认为他只不过是为了**自抬身价**在吹牛罢了。

"算了吧，坦塔罗斯，你能够替神做主？这未免有些太夸张了，我们才不会相信呢！"

"诸位，我对你们说的都是真的，完全真实，我向你们发誓！"坦塔罗斯生气地大声说。

"你经常被邀请参加诸神的晚宴吗？诸神也在你面前自由地谈论他们的私事吗？"

"那还用说！"

"那么，你现在能否给我们讲述一下，他们平时都在忙些什么呢？"

这下，轮到坦塔罗斯为难了，他知道，泄露众神的秘密，诸神肯定会惩罚他。他犹豫了片刻，虚荣心和妄自尊大占了上风。他开始滔滔不绝地讲述诸神的丑闻。他讲冥王哈迪斯的秘事，讲太阳神杀害独眼巨人受到宙斯的惩罚等。他讲得**活灵活现**，诸位国王都听得入了神。但是讲到最后，国王们还是不愿意相信坦塔罗斯的话，觉得这简直是**无稽之谈**。

坦塔罗斯见自己说服不了国王们，非常着急。为了彻底让他们信服，他开始对诸神作恶。他从诸神的酒席上偷出蜜酒和仙丹，把它们分给人间的朋友。众神知道了他的恶行，对于他宣传他们丑闻的事情非常愤怒，只不过碍于宙斯的面子，没有做追究而已。从那以后，他们不再邀请坦塔罗斯共进晚餐，也不再继续在餐桌上谈论他们的私事。

坦塔罗斯突然受到了冷落，可是他并不知道原因。他们为什么不再邀请自己呢？难道他们知道了他所做的事情？那为什么没有人质问他呢？坦塔罗斯决定用实际行动来测试一下众神是否知道所有的事情。

于是，这一天，他邀请诸神到家中做客。为了试探一下神祇们是否通晓一切，他让人把自己的儿子珀罗普斯杀死，然后煎烤烧煮，做成一桌菜款待他们。在场的众神除了得墨忒耳因思念被抢走的女儿珀耳塞福涅**心神不定**，她出于礼貌稍微尝了一块肩胛骨，别的神祇早已识破了坦塔罗斯的诡计，纷纷把撕碎的男孩的肢体丢在盆里。命运女神克罗托将他从盆里取出，让他重新活了过来。可惜肩膀上缺了一

名师指津

前面泄露众神的秘密、偷走众神的仙丹，神祇碍于他是宙斯的儿子，把这种错误当作是孩子犯的小错误，一笑而过。但是现在，他居然残忍地杀害了自己的儿子，这是一种罪恶，是天神不允许的。所以，坦塔罗斯必须得为自己犯下的罪恶付出代价。

块，那是被得墨忒耳吃掉的，后来只好用象牙补做了一块。

坦塔罗斯因此得罪了神祇。他**罪恶滔天**，被神祇们打入地狱，在那里他备受苦难和折磨。他站在一池深水中间，波浪就在他的下巴下翻滚。可是他却只能忍受着烈火般的干渴，喝不上一滴凉水，虽然凉水就在嘴边。因为他只要弯下腰去，想用嘴喝水，池水就立即从身旁流走，留下他孤身一人空空地站在一块平地上，就像有个妖魔作法，把池水抽干了似的。同时他又饥饿难忍。在他身后就是湖岸，岸上长着一排果树，果树上结满了**累累果实**。树枝被果实压弯了，吊在他的额前，他只要抬头朝上张望，就能够看到树上蜜水欲滴的生梨、鲜红的苹果、火红的石榴、香喷喷的无花果和绿油油的橄榄。这些水果似乎都在微笑着向他打招呼，可是，等他踮起脚来想要摘取时，就会刮起一阵大风，把树枝吹向空中。除了忍受这些折磨外，最可怕的痛苦则是对死神的恐惧，因为

名师指津

该段细节描写，详细地写出了坦塔罗斯遭受惩罚时的情形。

他的头顶上吊着一块大石头，随时都会掉下来将他压得粉碎。

坦塔罗斯蔑视神祇被罚入地狱，**永无休止**地忍受这三重折磨。

品读与赏析

坦塔罗斯触犯众怒，即使宙斯也难以容忍他的罪恶。坦塔罗斯犯下双重罪恶：第一，谋害亲子；第二，藐视神权。这些罪状在希腊神话中是必将遭到惩罚的。

本文的细节描写、精确用词，为读者展现出了坦塔罗斯虚荣、傲慢的嘴脸以及最终遭到严厉惩罚的悲惨处境。

读书笔记

珀罗普斯

名师导读

敬奉神祇的珀罗普斯在父亲死后被迫远走他乡，这时，他听闻伊利斯国王肆意阻挠，并残害前去向公主求婚的青年。不巧的是，他也同样爱上了那位公主，珀罗普斯要怎样才能斗得过残忍的国王呢？又会有谁来助他一臂之力呢？

名师指津

相对于父亲的反叛，儿子对于神祇是相当虔诚，这里不仅是父与子思想上的对比，也交代了珀罗普斯的信仰，为下文埋下了伏笔。

坦塔罗斯**亵渎神祇**，而他的儿子珀罗普斯与父亲相反，对神祇**十分虔诚**。在父亲被罚入地狱后，他被邻近的特洛伊国王伊洛斯赶出了国土，被迫流亡到了希腊。

他到了伊利斯，在这里，珀罗普斯遇到了自己心仪的女子——希波达弥亚，并认定那就是他的妻子，可是希波达弥亚是伊利斯国王俄诺玛诺斯的女儿啊！全王国的人都知道，这个女子很不容易娶到。因为一道神谕曾经对俄诺玛诺斯预言，当女儿结婚的时候，就是父亲失去生命的时候。俄诺玛诺斯为了逃避这个神谕，就千方百计地阻挠任何人前来向他女儿求婚。

他让人四处张贴告示，说想和他女儿结婚的人必须跟他赛车，只有赢了他的人才能娶他的女儿。如果国王赢了，那么他的对手就得被杀死。

比赛的起点是比萨，终点是哥林多海峡的波塞冬神坛。国王规定了车辆出发的顺序：他先给宙斯献祭一头公羊，让求婚者驾着四马战车先走，等到献祭仪式完毕后，他就开始追赶。他的车夫叫密耳提罗斯，国王站在车上，手执一根长矛。他如果追上竞赛者，就有权用长矛将对手刺翻在地。

爱慕希波达弥亚的求婚者，虽然听说了这个苛刻的条件，但是都不以为意，以为国王俄诺玛诺斯**年老体弱**，知道赛不过年轻人，故意让年轻人先走一程。这样，即使他输了，也可以为自己找到一个体面的借口。年轻人纷纷赶到伊利斯，向国王要求娶他的女儿为妻。国王很友好地逐个接待他们，给他们提供漂亮的马车。四匹**威武雄壮**的马在前面拉动，他自己则去向宙斯献祭公羊，而且一点也不匆忙、紧张。

等到献祭仪式完毕，他登上一辆轻便车，前面由两匹骏马菲拉和哈尔彼那拉动，它们奔跑飞快，赛过强劲的北风。他很快就赶上了前

名师指津
站在车上、手执长矛、将对手刺翻，这一系列的动作描写衬托出了国王高傲、残酷的性格与姿态。

名师指津
飞奔的骏马甚至超过了强劲的北风，用两者之间的对比来形容骏马的神速。

103

面的求婚者，残忍地用长矛刺穿求婚者的胸膛。就这样，**陆陆续续**有十二名求婚者都冤死在他的长矛下。

珀罗普斯来到这里不久就听到有关求婚者在伊利斯惨死的消息。于是，他就趁着黑夜来到海边，大声地呼唤强大的守护神波塞冬。

波塞冬应声驾浪来到他的面前。

"伟大的神啊，"珀罗普斯祈求道，"如果你自己也喜欢爱情女神的礼品，那么就请让我不会受到俄诺玛诺斯长矛的伤害。请赐给我神车，让我以最快的速度到达伊利斯，祈求你保佑我取得胜利。"

珀罗普斯的祈求立即生效，水中响起一阵哗哗声，波涛中出现了一辆金光闪闪的神车，前面有四匹带翼的飞马拉动着，犹如飞箭。珀罗普斯飞身上车，一阵风似的向伊利斯驶去。当俄诺玛诺斯看到了珀罗普斯来到时，大吃一惊，因为他一眼就认出了这是波塞冬的神车。可是他并不拒绝与小伙子按照原定的条件进行比赛，因为他对自己骏马的神力充满信心。珀罗普斯经过**长途奔波**十分疲劳，和骏马休息了几天，等到精力恢复后，便策马参加比赛。在珀罗普斯快要接近终点时，依照惯例先给宙斯献祭了公羊的国王追了上来，他挥舞着长矛，正要刺向前面的求婚者的后背。珀罗普斯的保护神波塞冬急忙赶来救助，他弄松了国王的车轮，马车**摔得粉碎**。俄诺玛诺斯飞出马车，即刻坠地而死。这个时候，珀罗普斯驾着神车顺利地到达终点。他回头一看，只见国王的宫殿里**烈火熊熊**，原来是雷电击中了宫殿，它被烧得只剩下一根柱子露在外面。珀罗普斯驾着神车冲到火光冲天的宫殿里，勇敢地救出了他的未婚妻希波达弥亚。

品 读 与 赏 析

国王的马再快，也快不过波塞冬的神车；国王的手段再凶狠，也抵不上神祇的庇佑。聪明的珀罗普斯没有像其他的求婚者一样鲁莽行事，而是选择了向波塞冬求助，也正是神祇的援手，让他终于得到了自己的爱情。

本文使用了对比修辞、动作描写、比喻修辞等手法，通过将坦塔罗斯与儿子珀罗普斯进行对比，展示二者的不同，并为下文埋下伏笔。通过对国王刺杀求婚者一系列动作描写，凸显了其残酷的性格。通过将珀罗普斯的飞马比喻成飞箭，充分说明其飞马的速度之快。

读书笔记

尼俄柏

名师导读

尼俄柏是一位命运悲惨的母亲，她得罪了天神，天神就毫不留情地夺去了她所有亲人的性命，最后悲伤的她竟然化作了一尊石像，至今流着悲伤的眼泪。

在希腊原来的底比斯古城遗址的山坡上，有一尊巨大的女子石像，这位女子容貌**秀丽端庄，长发飘逸**。可是她的面容却很悲伤，从石像的眼睛里流出一股清澈的水流，好像在悲伤地哭泣。

名师指津

将水流比喻成石像的眼泪，营造了一种悲伤的情景，给人们留下深刻的印象。

这位女子就是尼俄柏，传说这里面隐藏着一个很悲哀的故事。

尼俄柏和她的父亲坦塔罗斯有着同样的缺点，那就是**爱慕虚荣**。坦塔罗斯因为有着和神祇共进晚餐的特权而炫耀，而尼俄柏的炫耀资本是什么呢？原来，她的丈夫安菲翁是底比斯的国王，统治着一个强大的王国。缪斯女神送给他一把漂亮的古琴，琴声美妙，他在弹奏的时候，连砖石竟然也自动地黏合起来，建起了底比斯的城墙。她自己漂亮动人，仪态万千，美貌**闻名遐迩**。不过，最使她感到高兴、自豪的，也是她可以炫耀的资本，是她有七个儿子和七个女儿，儿子个个英俊潇洒，女儿个个漂亮动人，她被视为幸运的母亲，而且因此自鸣得意。她的自骄自矜招来了杀身之祸，所有人的夸奖使她飘然欲仙，她竟然真的把自己和神祇做起了比较。

有一天，盲人先知忒瑞西阿斯的女儿曼托受神祇指示，在街上呼唤底比斯城的妇女全都出来祭拜勒托和她的双生子女阿波罗和阿耳忒弥斯。她吩咐她们在头上戴一顶桂冠，并献上祭品。底比斯城的妇女一起拥了出来，尼俄柏也带着她的女侍出来了。她穿着一件**镂金嵌银**的长袍，光彩照人，美丽无比。妇女们在露天献祭，尼俄柏站在她们中间环顾四周，露出得意而骄傲的目光，她大声说："你们敬奉神祇，难道疯了吗？这天国的神难道真的来到了你们中间？你们给勒托献上了祭品，为什么不向我**顶礼膜拜**？我的父亲可是赫赫有名的坦塔罗斯，他是唯一可与神祇们一起用餐的凡人。我的母亲狄俄涅是普雷雅德的妹妹，她们都像天上闪闪发光的星座一样。阿特拉斯也是我的祖先，他是一位力大无穷的人，把整个天体都扛在自己的肩上。宙斯是我的祖父，他又是众神之父，所有的夫利基阿人都听从我的指挥。底比斯的城池，包括所有的城墙都属于我和我的丈夫，它们是由于我丈夫弹奏古琴才黏合而成的。我的宫殿里珍藏着无数的珍宝，我身材漂亮，如同一位女神。我生了一群儿女，世界上谁能够与我相比：七个**如花似玉**的女儿，七个**体魄强壮**的儿子，不久我将有七个女婿、七个儿媳妇。请问，难道我没有足够的理由骄傲吗？你们不敬我，竟然敢敬奉勒托，一位泰坦神的不知名的女儿。她在陆地上几乎找不到一块生养孩子的地方，只有漂浮的提洛斯岛怜悯她，才给她提供了临时的住处。她一共生了两个孩子，真可怜啊！刚好是我的七分之一。我难道不可以比她高兴七倍吗？谁不承认我应该更幸福，谁不承认我应该永远幸福？命运女神如果要毁灭我的一切，那她还得忙碌一阵子，否则不是那么方便的！所以你们应该撤掉祭品！散开回家去！再不要让我看见你们做这蠢事！"

妇女们惊恐地取下头上的桂冠，撤掉祭品，悄悄地回家去了。不过，心里都在默默地祈祷，试图平息勒托被得罪后的怒火。

在提洛斯的库恩托斯山顶上，勒托带着一对双生子女，用一双神眼把远方底比斯发生的一切都看得清清楚楚。

"你们看，孩子，"她说，"作为你们的母亲，我为生下你们而自豪。除了赫拉以外，我不比任何女神低微，今天却被一个傲慢的人间女子侮辱了一番。如果你们不支持我，我将被她赶出古老的圣坛。我的孩子，连你们也将遭到尼俄柏的恶毒诅咒！"阿波罗打断了母亲的话，他说："别生气，她早晚会遭到惩罚！"他的妹妹也**随声附和**。说完，兄妹二人就都隐身在云层后。不一会儿，他们就看到了底比斯的城墙和城堡。城门外是一片宽阔的平地，那是供车马比赛的演武场。尼俄柏的七个儿子正在那里嬉戏。他们有的骑着烈性野马，有的进行着激烈的比武竞赛。大儿子伊斯墨诺斯正骑着快马绕圈奔驰，突然他双手一抬，缰绳"啪"的一声滑落，原来一支飞箭射中了他的心脏，他顿时从马上跌落下去。他的兄弟西庇洛斯在一旁

> **名师指津**
>
> 本来是平静的演练，却迎来了巨大的转折。

听到空中飞箭的声音，吓得连忙伏鞍逃跑，可是仍然被一支飞箭射中，当场毙命，从马上滚落下来。另外的两位兄弟，一个以外祖父名字命名的坦塔罗斯，另一个是弗提摩斯，两人正抱在一起角力。这时，他们听见弓弦响起，结果被一支飞箭双双穿透而死。第五个儿子阿尔菲诺看到四个哥哥倒地身亡，便惊恐地赶了过来，把哥哥们冰冷的肢体抱在怀里，想让他们重新活过来。不料，其胸口也遭到阿波罗致命的一箭。第六个儿子达玛锡西通是个温柔、留着长发的青年，他被射中膝盖。正当他弯下腰去，准备用手拔出箭镞的时候，第二箭从他口中穿过，他**血流如注**，倒地而亡。第七个儿子还是个小男孩，名叫伊里俄纽斯，他看到这一切，急忙跪在地上，伸开双手，哀求着："呵，众神哟，请饶恕我吧！"哀求声尽管打动了可怕的射手，可是射出的利箭再也收不回来了。男孩扑通一声倒在地上死了，只是痛苦程度最轻。

不幸的消息很快传遍了全城。孩子的父亲安菲翁听到噩耗，悲伤至极，在士兵面前拔剑自刎。

他的仆人和国民**哭声震天**，悲泣声立刻传进了内宫。尼俄柏久久不能理解她的不幸，她不相信天上的神祇竟有如此大的威力，可是不久她就彻底明白了。这时，她跟从前的尼俄柏**判若两人**。她刚才还把众多

的妇女从伟大女神的祭坛前驱散，并且趾高气扬地走过全城，**不可一世**。现在，她却一下子惊慌失措地扑在野地里，抱住儿子们的尸体亲吻他们。她向空中伸开双臂，**呼天抢地**地叫着："勒托，你这个残酷的女人，看着我的苦难，你**幸灾乐祸**，你也该心满意足了吧！七个儿子的死，也会把我送进坟墓的！"

这时候，她的七个女儿穿着丧服来到她的身旁。风儿吹乱她们的长发，她们悲伤地站在那里，围着七个惨遭杀害的兄弟。尼俄柏看到女儿们，苍白的脸上突然闪出一种怨恨的光芒，她忘乎所以地看着天空，嘲笑着说："不，我即使遭到了不幸，也胜过你的幸福。我即使遭到了惨重的灾祸，我还是比你更富有，还是一位强者！"

话还没有说完，空中就传来一阵弓弦的声音，每个人都十分恐惧，只有尼俄柏无动于衷，巨大的不幸已经使她麻木了。突然，一个女儿紧紧地捂着胸口，挣扎着拔出箭镞，无力地瘫倒在一个兄弟的尸体旁。另一个女儿急忙奔向不幸的母亲那儿，想去安慰她，可是一支无情的箭射来，她也一声不响地倒了下去。第三个女儿在逃跑中被射倒在地，其余的几个也相继倒在死去的姐妹身边。只剩下最小的一个女儿，她惊恐地躲在母亲的怀里，钻在母亲的衣服下面。"给我留下最后一个吧！"尼俄柏悲痛地朝苍天呼喊着，"她是兄弟姐妹中最小的一个！"可是即使她**苦苦哀求**，这最小的孩子也终于在她的怀里**瘫倒在地**。

尼俄柏孤零零地坐在她丈夫、七个儿子和七个女儿的尸体中间。她伤心得突然变得僵硬了：头发在风中一动也不动，脸上失去了血色，眼珠木然地瞪视着。

生命离开了她的躯体，血液在血管里冻结，脉搏停止了跳动。尼俄柏变成了一块冰冷的石头，全身完全硬化，只是僵化的眼睛里不断地淌着眼泪。一阵旋风将她吹到空中，又吹过了大海，一直把她送到故乡，搁在底比斯的一座荒山上，下面是西庇洛斯悬崖。尼俄柏成了一座石像，静静地站在山峰上，直到现在还在淌着悲伤的眼泪。

名师指津
在仅剩下一线希望的时候，尼俄柏才知道去哀求天神。她先前的骄傲自负已经全然消失，但这时的悔悟已经太迟了。

名师指津
充分表现了尼俄柏在失去儿女及丈夫后，已经悲痛欲绝。即便活着也只不过是一具行尸走肉罢了。

品读与赏析

儿女总是母亲的骄傲，母亲疼爱自己的儿女，儿女也疼爱自己的母亲。尼俄柏是位伟大的母亲，但是不管别人的儿女如何，她都没有权利去侮辱别人的母亲。所有孩子的母亲都一样伟大，她们每一个人都值得尊敬，所以尼俄柏对别人母亲的侮辱肯定会激怒对方，更何况她激怒的是神祇的母亲呢！

本文采用了比喻修辞、语言描写、神态描写等多种手法，开篇运用比喻句，极好地渲染了一种悲伤的气氛，为整篇文章打好基调。通过多次对尼俄柏的语言进行描写，展现了她傲慢、虚荣的性格。通过对她的神态进行描写，展现了她失去亲人的痛苦，也从侧面反映出她是一个非常爱儿女的母亲。

读书笔记

亵渎女神的阿克特翁

名师导读

　　阿克特翁不小心闯入了女神阿耳忒弥斯的禁地，一向仁慈的女神却对阿克特翁下了毒手，使得阿克特翁还来不及忏悔就死于非命。

　　阿克特翁是卡德摩斯的女儿奥托纳沃的儿子，其父喜爱打猎。卡德摩斯曾经得罪了战神阿瑞斯，阿瑞斯诅咒卡德摩斯家族**不得安宁**，儿女与子孙都会横死。

　　阿克特翁是卡德摩斯的外孙，这道神谕在他身上会应验吗？

名师指津

　　用疑问句构成悬念，引起读者的注意，引出下面的故事。

　　阿克特翁年轻时跟半人半马的肯陶洛斯人喀戎学习打猎的诀窍。有一天，他跟一群快乐的伙伴在基太隆山区的森林里围猎。中午，太阳火辣辣地照着大地，**酷热炙人**，他们急于想寻找一处树荫纳凉。这时，阿克特翁对伙伴们说："今天我们打了不少野味，围猎就此结束！明天再打吧。"围猎的人四下散开，他带着几条猎犬走进森林深处，想找一个阴凉处睡一觉。

　　附近有座加耳菲亚山谷，山谷中长满了松树和柏树，是呈献给月亮女神和狩猎女神阿耳忒弥斯的一块圣地。山谷深处有一个树木遮掩着的山洞。清泉汇成一池湖水，年轻的女神狩猎回来，常常在水里洗澡以消除疲劳。

　　这时，女神正由一群女仆簇拥着走进山洞。她把猎枪、弓箭、箭袋交给后面的奴仆。一位女仆给她脱下衣服，另两位女仆解开她脚上的鞋带。聪慧而美丽的库洛卡勒将阿耳忒弥斯松散的头发扎成一束。然后，她们从清泉里舀来凉水，冲洗她的身体。女神正在快乐地洗澡，卡德摩斯的外孙阿克特翁来到树丛深处。他无意之中踏进了阿耳忒弥斯的圣林，找到一块凉爽的休息地，非常高兴。

　　突然，女仆们看到一位**不速之客**闯了进来，不禁惊叫起来，一起过去围住女主人。可是女神高高地站在那里，羞得**面色绯红**。多么不幸的男人啊！如果他迅速逃走，尽快退出这是非之地，那该多好啊！这时，女神

名师指津

　　"高高地""绯红"等词，生动而准确地表现出了女神高高在上的心态及被不速之客撞到洗澡后的意外神态，用词精确而传神。

117

突然**俯下身子**退到一旁，一面用手在湖水里舀起一抔水，泼在对面小伙子的头上和脸上，一面威胁着说："如果你有本事的话，去告诉大家吧，你看到了什么！"

女神的话还没有说完，小伙子感到一阵害怕，他**扭头就跑**，跑得飞快，连他自己都感到吃惊。不幸的男人没有发觉他的头上长出了一对犄角，脖子变得细长，耳朵变得又长又尖。他的双臂变成了大腿，双手变成了蹄子，身上长出了**斑斑点点**的毛皮。他已经不是人了，愤怒的女神将他变成了一头鹿。他到了湖边，从水里看到了自己的容貌。"天哪，我这不幸的可怜人！"他正想呼喊，可是嘴巴却僵硬得像石头一样，发不出声来。他痛哭流涕，眼泪顺着脸颊淌下来，只有思想还没有丧失。

他该怎么办呢？是回到外祖父的宫殿里去，还是藏在密林里？正当他又羞又怕的时候，他的猎犬围拢过来，一齐冲向他这头雄鹿，追得他漫山遍野地逃窜。他一会儿逃上悬崖，一会儿逃进峡谷，一会儿逃到河边，**惊恐万分**地在他从前围追猎物的林场上逃命，自己成了围猎的对象。最后，一条凶恶的猎犬吼叫着扑上来，一口咬在他的背上。其他的猎狗一拥而上，锋利的牙齿将他咬得**遍体鳞伤**。正在这时，他的一群狩猎的朋友也闻声而至，放出恶狗，围捕着这头壮鹿。猎友们高声欢呼着，寻找他们的伙伴。"阿克特翁！"深山密林里响起呼唤声，"你在哪里？瞧，我们猎到了一头壮鹿。"

> **名师指津**
> 运用排比修辞来增强感染力，更好地表现出了阿克特翁被猎狗追捕时的狼狈。

品读与赏析

本文以疑问句引出下文的话题，吸引读者阅读兴趣。以精确的用词表现了女神的性格。另外，文章中的转折也写得相当精彩，很好地吸引着读者的眼球。

读书笔记

柏勒洛丰

名师导读

柏勒洛丰是罪人的儿子，却意外受到神祇的庇佑，虽然有人一再地想要祸害他的生命，柏勒洛丰却总能逢凶化吉。

国王西绪福斯在两国间的狭窄地域建立了美丽的城邦科任托斯，并在此统治。然而，由于他背离了众神之王宙斯，因此遭受了严厉的惩罚。每天黎明时分，他都必须执行一项艰巨的任务——将一块巨大的石头从平原搬至山顶。但每次当他以为已经将石头搬至山顶时，那块石头却突然沿着陡峭的山坡滚落回平地。这意味着西绪福斯必须再次弯下腰，费力地抬起石头，然后一步步艰难地爬上山去。这样的劳作**无休无止**，从白昼到黑夜，**永不停歇**。

柏勒洛丰作为西绪福斯的孙子以及科任托斯国王格劳卜斯的儿子，因犯下伤害他人生命的错误而被迫踏上了逃亡之路。然而，他内心深处对自己的行为**深感懊悔**，于是虔诚地向神祇忏悔，并时时刻刻怀着一颗敬畏的心。神祇被他的虔诚打动，不仅赦免了他的罪过，还给予他神祇的庇佑。从此，柏勒洛丰在神祇的庇护下，开始了他新的生活。

柏勒洛丰来到提任斯，在这里受到国王普洛托斯的热情接待，并被赦免了罪行。柏勒洛丰**仪表堂堂**，身材魁梧，举止**温文尔雅**，国王普洛托斯的妻子安忒亚对他一见倾心，千方百计地邀请柏勒洛丰和她见面。可是柏勒洛丰心地善良，为人高尚，他对安忒亚的态度十分冷淡，很礼貌地拒绝了每次邀请。安忒亚见没有得到柏勒洛丰，高傲的自尊心受到极大的伤害。她失去了理智，于是在丈夫面前说："我的君王，我的夫君啊，如果你不想受伤害，败坏自己的名誉，就该把柏勒洛丰抛弃。因为他是个不老实的人，他让我背叛你的爱，让我成为一个对诺言不忠的人。"

国王轻信了王后的话，心里升起一股无名怒火。但因为他对年轻的柏勒洛丰十分赏识，所以又不忍心伤害他，想用别的办法报复他。他派柏勒洛丰到他的岳父，即吕喀亚国王伊俄巴忒斯那里，并让他带去一封密封的家信，信上说要国王把来者解决掉。

柏勒洛丰在毫不知情的情况下踏上了旅

重点解读

通过描写安忒亚肆意地编造谎言，表现出她既然得不到柏勒洛丰，为了不使自己的名誉受到损害，就选择伤害他人，以免除后患的恶劣心态。

程，他匆忙前行，而天上的诸神也在默默地守护着他。他渡过了波涛汹涌的大海，穿过了**风景如画**的克珊托斯河，最终抵达了吕喀亚国。在那里，他遇见了贤明而热情的国王伊俄巴忒斯。这位国王待人接物极有分寸，他热情地招待了这位远方的贵客，既不问其姓名，也不问其来处。柏勒洛丰的高贵举止和英俊外貌已经足以说明他并非等闲之辈。国王对他**礼遇有加**，每天都如同庆典般设宴款待，甚至宰杀牛羊敬献给神明。

直到第十天，国王才终于忍不住好奇心，询问起客人的身份和来意。柏勒洛丰便恭敬地告诉他，自己是从普洛托斯国王那里来的，并呈上了带来的家信。

伊俄巴忒斯国王看完信，吓得倒抽一口冷气，十分惶恐，因为他很喜欢面前这位风度翩翩的客人。可是他想，如果没有重大原因，他的女婿一定不会这样对待柏勒洛丰的。

国王在沉思片刻后，轻轻地点了点头。这位在他宫廷里做客已达十日的年轻人温文尔雅、言谈不凡，他难以下定决心伤害这位客人。最终，为了摆脱这进退两难的困境，国王决定让柏勒洛丰去执行一项艰巨的任务。他首先命令柏勒洛丰去消灭那个给吕喀亚带来无尽灾难的怪物喀迈拉。这只怪物是巨人堤丰与巨蛇厄喀德那共同孕育出来的，它上半身像狮子，下半身像蟒蛇，中间像山羊，口中喷着火苗，烈焰腾腾。

天上诸神都可怜这个无辜的年轻人。他们眼见柏勒洛丰将要遭到大祸，便急忙派波塞冬和美杜莎所生的一匹双翼飞马珀伽索斯去援助他。然而，飞马如何能够帮助他呢？这匹从未被人骑过的马儿，野性难驯，**狂放不羁**，既难以捕捉又难以驯服。柏勒洛丰尽管**竭尽全力**，但终究未能驯服它，最终因**疲惫不堪**而在河边

沉沉睡去。他做了一个梦，梦见他的保护神雅典娜。雅典娜交给他一副带有金色饰物的马笼头，对他说："快醒醒吧，孩子。带上它并给波塞冬献祭一头公牛，以后你就可以使用这副马笼头！"雅典娜的话刚说完，柏勒洛丰就突然从梦中醒来。他跳起身，看到手上果然有一副金光闪闪的马笼头。

柏勒洛丰找到了擅长解梦的波吕德斯，并将梦中的情景一五一十地告诉了他，希望他能为自己解析梦境。波吕德斯听后，建议他遵从梦中女神的指引，用一头公牛来祭祀海神波塞冬，并为守护他的智慧女神雅典娜建造一座祭坛。

柏勒洛丰按照波吕德斯的建议行事，在完成这一切之后，他果然轻松地驯服了那匹双翼飞马。他熟练地将辔头套在马头上，披上盔甲，然后骑上飞马腾空而起。他手持弓箭，在空中**自由翱翔**，最终成功消灭了那只给吕喀亚带来无尽灾难的怪物喀迈拉。

接着，伊俄巴忒斯又派柏勒洛丰去攻打索吕默人。索吕默人**蛮勇好战**，居住在吕喀亚边地。出乎国王的意料，柏勒洛丰又在艰苦的战斗中取得了胜利。后来，国王又派他去跟亚马孙人作战，他也**安然无恙**地得胜归来。伊俄巴忒斯见难不倒柏勒洛丰，于是心生一计，在柏勒洛丰凯旋途中设置埋伏，狙击柏勒洛丰。可是

袭击柏勒洛丰的士兵全被他消灭，他大获全胜，并且**毫发无损**。

直到这时候，伊俄巴忒斯才明白这个年轻人根本不是罪人，而是神的宠儿。他再也不敢伤害他了，反而把他接回宫中，和他分享王位，还把美丽的女儿菲罗诺厄嫁给他为妻。吕喀亚人献给他肥沃的土地和丰盛的作物。他的妻子生下两个男孩和一个女孩，生活得十分美满。

然而，柏勒洛丰后来逐渐失去了神祇的庇佑。他因拥有那匹双翼飞马而变得**骄傲自满**，竟妄想骑着它飞往奥林匹斯圣山，参加神祇的集会。然而，那匹双翼飞马却不再听从他的指挥，突然在空中直立起来，将他狠狠地甩下马背。

自此，柏勒洛丰被神祇抛弃，他四处流浪，羞于见人，只能躲藏在无人知晓的地方。他的余生都在忧虑和悔恨中度过，曾经的辉煌与荣耀已成**过眼云烟**。

重点解读

有了神祇的保护，柏勒洛丰多次化险为夷，转危为安，这些计谋只会不断使柏勒洛丰的名声增大，不仅不能除掉柏勒洛丰，还会起到相反的效果。

品读与赏析

　　柏勒洛丰在虔诚的忏悔中得到神祇的保佑，在自以为是的骄傲中又遭到神祇的抛弃，我们经常说的"物极必反"就是这个道理。在文章中，我们和柏勒洛丰一起经历了他的逃亡，见识了他的人品；一起经历了战胜恶魔的苦难，体会到神祇对他的恩泽；一起经历了他的幸福生活，感觉到他的满足。可是太过满足的生活使得柏勒洛丰觉得自己受到的不是一般人能够受到的待遇，加上有飞马坐镇，于是开始变得骄傲，受到了神祇的惩罚。

　　本文运用了多种写作手法，如语言描写、外貌描写等，通过对安忒亚的语言描写，表现出她残酷凶狠的性格；通过对怪物的外貌描写，凸显出怪物的恐怖。

读书笔记

雕刻家皮革马利翁

名师导读

　　雕刻家皮革马利翁对女人有着天生的偏见，从来不雕刻女人的他有一天却雕出了一尊美女石像，并且深深爱上了石像。从此以后，伟大的雕刻家就变得神神道道，心神不宁。

　　皮革马利翁是古希腊时期闻名全世界的大雕刻家。他的手艺非凡，雕什么是什么，而且全部活灵活现，个个栩栩如生。雕出的英雄个个气宇轩昂，浑身充满了浩然正气，放在哪里哪里就盗贼绝迹；雕刻出来的马匹，也似乎**四蹄生风**。他灵巧的手艺连火神都嫉妒地说："幸好他不是个铁匠，否则我可就惨了"。无论是植物、鸟兽还是人物，皮革马利翁都能**信手拈来**，雕刻得栩栩如生。然而，他有一个与众不同的习惯，那就是从不雕刻女性形象。无论是美丽动人的少女，还是年老色衰的老妪，他都一概不碰。简而言之，只要是女性，他便会毫不犹豫地拒绝雕刻。

　　皮革马利翁不雕刻女人的原因其实很简

重点解读

　　"活灵活现""栩栩如生"这两组词生动地表现出了皮革马利翁雕刻技艺的高超，用词精确而传神。

单，因为他一生下来就遭到了母亲的抛弃，他一直跟着自己的石匠父亲长大，与父亲**相依为命**。后来皮革马利翁又遭到爱人的抛弃。从此之后，他就不再信任女人了，他对她们特别反感，决定终身不娶。

然而，某夜皮革马利翁做了一个奇异之梦，醒后他仍坐在那里，**神情木然**，不断回忆着那个梦境。他一边回忆，一边自言自语："真是奇怪，我怎么会梦见一个女人呢？"他被梦中那个女人的形象深深吸引，但这个想法让他感到极度不适。于是，为了驱散这心头的烦忧，他决定全身心地投入雕刻工作之中。

他选择了一块象牙，决定要雕刻一个男人，一个抛投铁饼的肌肉饱满的年轻男人。他开始全身心地投入工作之中。可是，怪事出现了。随着雕刻一步步地进行，刀一刀刀地滑落，头像出来了。在皮革马利翁雕刻好眼睛的那一刻起，他突然惊呆了，这明明是一双女人的眼睛，是自己梦里的那双眼睛。他头"嗡"的一声就炸开了，那双眼睛**含情脉脉**地看着他，像是一个真正的人站在他的对面。他观察了好久，发现自己雕刻的这个女人就是自己梦中的那个女

人，他停在原地，刀久久地拿在手里，
疑惑了许久许久。

皮革马利翁再次拿起雕刻刀
时，他的心境已然变得豁达。他
深觉这是神祇的旨意，于是摒弃了
过往的偏见，鼓起勇气开始雕刻
这个尚未成型的女人像。不久
之后，他便成功地完成了这尊女人像。她端正地伫立
在他眼前，栩栩如生，仿佛真的有了生命。

皮革马利翁再一次被自己刀下的这个女人震惊了：
"她实在是太美了。"他自己也忍不住感叹。站在他面
前的这位少女**婀娜多姿**，令世上的女人都**望尘莫及**，她
俨然是个充满活力的少女。皮革马利翁从来没有这么喜
欢过自己的作品，他反复地欣赏着，连吃饭的时候也
目不转睛地看着她。此刻，他那颗冰封已久的心又突
然复活了，开始"砰砰"地乱跳，他发现自己爱上了这
个雕像。他不时地观看雕像，像是要弄明白，这到底
是个活人还是石像。他实在不肯相信这只是一尊象牙
石像。他从心底里喜欢她，送给她各种少女喜爱的礼
物：色彩鲜艳的贝壳、光滑的卵石、小鸟、**姹紫嫣红**的
鲜花、珠子和琥珀。他甚至给她买五颜六色的衣服，
戴上宝石戒指，挂上项链，耳朵上还佩戴了耳环。她

的裙衫穿得合身得体，更加衬托出她的美貌。

随着爱神节的脚步日益临近，塞浦路斯城沉浸在一片欢乐与期待的氛围中。这是一个备受瞩目的盛大节日，来自四面八方的人们纷纷拥向神庙，他们虔诚地跪倒在女神面前，献上自己精心准备的贡品。在圣坛前，**香烟缭绕**，人们默默祈祷，祈求女神的庇佑与赐福。令人意想不到的是，今年的庆典仪式中，皮革马利翁竟然破例参加了。在所有人都散了后，他才悄悄地来到圣坛前面，**吞吞吐吐**而又害羞地向女神祈祷说："万能的神啊，赐我一个像我雕刻的象牙女人那样的妻子吧！"虽然他没有直接说"把我雕刻的女人变成活人吧！"但是女神阿佛洛狄忒还是看出了皮革马利翁曲折的心理，阿佛洛狄忒让她圣坛前的火苗向上蹿了三次，意思是恩准了他的请求。

皮革马利翁回到家中，一如既往地凝视着那尊雕像，俯身仔细观察。然而，他惊讶地发现，雕像原本冰冷的身体竟开始散发出暖意。他感到十分诧异，忍不住伸手触碰雕像的胳膊。这时，更多奇迹发生了，那胳膊变得柔软而有弹性。他又惊又喜，站在那里**难以置信**，一次次地满怀激动和喜悦地触碰那寄托着他希望的雕像。

终于，那雕像真的活了过来！皮革马利翁满怀感激地感谢女神的赐予，他再次触碰少女的胳膊。这次，少女似乎有了感觉，原本苍白的脸色逐渐变得红润，她羞涩地睁开了眼睛，充满爱意地注视着创造自己的皮革马利翁。

后来，皮革马利翁与这位雕像女子结为夫妻，他们的婚姻在美神的庇佑下，一生都充满了幸福与甜蜜。

品读与赏析

"精诚所至，金石为开"，皮革马利翁对雕像执着的追求，感动了女神，也感动了每一位读者。皮革马利翁曲折的心理状态让我们每一个人都替他紧紧捏了一把汗，他把在现实中受到的伤害转移到他的事业中去，并且努力回避女人。神祇从他的雕像入手，让他消除偏见。我们很高兴，皮革马利翁在神祇的帮助下走出了他自己的虚幻世界。

本文运用了比喻修辞，生动地为我们展现了皮革马利翁具有多么高超的雕刻技艺，同时也为下文皮革马利翁爱上自己所雕刻的石像埋下伏笔，推动了故事情节的发展。

读书笔记

雅典故事

名师导读

　　雅典城初建时，神祇纷争激烈。半人半蛇的刻克洛普斯，地神之子，挺身而出。他凭借智慧化解了海神波塞冬与雅典娜的统治权之争，为雅典带来了和平与繁荣。他的奉献和公正，不仅体现了地神家族的荣耀，也赢得了人类的尊敬。这段传奇故事，凝聚了奉献、智慧和爱的力量，成为永恒的佳话。

名师指津

　　这一段体现了神话故事中对于神性与人性的融合。众神虽然拥有超凡的力量和地位，但他们也需要通过人类的智慧和判断来解决争端。而刻克洛普斯作为半人半蛇的存在，则象征着神性与人性的完美结合，他的智慧和判断能够跨越神与人的界限，为整个阿提刻带来和平与繁荣。

　　地神之子刻克洛普斯，是以半人半蛇的奇异形态降临到这个世界的。他正是那座雄伟的雅典城以及雅典卫城的奠基人。就在刻克洛普斯忙于在阿提刻建设雅典城的时候，一场关于国家统治权的战争**悄然爆发**。海神波塞冬与宙斯的爱女战神雅典娜，两位神祇都渴望成为这片土地的主宰。

　　为了平息这场争端，宙斯召集了所有的神祇，让他们在雅典卫城**会聚一堂**。众神决定，谁能为阿提刻带来最珍贵的礼物，谁就将获得国家的统治权。而在这个重要的时刻，他们选

择了刻克洛普斯作为公正
的裁决者，用他的智慧
来决定权力的归属。

刻克洛普斯，他以那独特的蛇尾代替双脚，
缓缓来到法庭之上。海神波塞冬挥舞着他的三
叉戟，用力刺入坚硬的山岩之中。刹那间，山
岩中涌出了一个泉眼，流淌出咸涩的海水，仿
佛是大海的恩赐。而雅典娜，她则将自己那闪
闪发光的长枪插入土地之中。奇迹发生了。从
长枪插入的地方，一棵果实累累的橄榄树迅速
生长起来，它象征着和平与丰饶。两位神祇的
礼物都充满了神奇与力量，但究竟谁将赢得这
场争夺，还需等待刻克洛普斯的裁决。刻克洛
普斯在审视了两位神祇的礼物后，**深思熟虑**地
发表了他的裁决："尊敬的奥林匹斯众神，在
浩瀚的大海中，咸涩的海水固然珍贵，但它毕
竟无处不在。然而，并非每个地方都能生长出
结满果实的橄榄树。这棵橄
榄树，它象征着雅典娜的
智慧与丰饶，它的果实
将为阿提刻的人民带来富
裕的生活，激励他们辛勤

名师指津

这一段通过寓言般的故事形式，传达了和平、丰饶、智慧和公正等观念的重要性。它提醒我们，应该珍视自然和生命的美好，追求和平、繁荣的社会。

耕耘，发展农业。因此，我认为雅典娜为阿提刻带来了更为珍贵的礼物。所以，我决定将掌管国家的权力交付给雅典娜。"

在刻克洛普斯的公正裁决下，奥林匹斯众神一致同意，将刚刚落成的雅典城以及整个阿提刻的统治权赋予雅典娜。为了铭记这位宙斯的爱女，刻克洛普斯所建之城从此便以雅典城之名**流传于世**。随后，他便在雅典城中心，为雅典娜及其父宙斯精心建造了首座神庙，以此彰显对神祇的崇敬。雅典娜亦对刻克洛普斯表示了深深的感激，她特意挑选了刻克洛普斯的女儿们作为自己的首批女祭司，共同守护这座神圣的城市。刻克洛普斯不仅为雅典人制定了严谨的法律，还成功建立了完善的国家体系，因此他成为阿提刻历史上首位国王，为这片土地带来了繁荣与安定。

厄里克托尼俄斯，火神赫菲斯托斯的血脉传承者，继承了刻克洛普斯的王位。他和他的前辈一样，也是大地之子，但他的诞生却隐藏着深深的秘密。雅典娜，这位智慧与勇气并存的女神，在厄里克托尼俄斯降生后，便成为他的守护者，让他在她的神庙中**安然成长**。

　　为了保护这位大地之子，雅典娜将他藏在一个紧闭的柳条筐内，并命令两条忠诚的蛇与刻克洛普斯的女儿们共同守护他。她特别告诫刻克洛普斯的女儿们，绝对不可打开筐盖窥视这位秘密诞生的孩子。然而，好奇心总是难以抑制的。刻克洛普斯的女儿们心中充满了对厄里克托尼俄斯的好奇，她们渴望哪怕只是看一眼这位大地的宠儿。

　　在某一日，雅典娜离开了她位于卫城的神庙，她的目的明确而坚定——将帕勒涅的一座山搬运到卫城之旁，作为城市的**天然屏障**。然而，就在她扛着山，**步履坚定**地走向雅典的途中，一只乌鸦疾飞而来，带来了一个令人震惊的消息：刻克洛普斯的女儿们违背了她的命令，私自打开了那个神秘的柳条筐，窥见了里面的厄里克托尼俄斯。

　　听到这个消息，雅典娜瞬间大怒，她毫不犹豫地扔下了肩上的山，迅速返回了自己的神庙。对于刻克洛普斯的女儿们的背叛，她给予了严厉的惩罚——让她们陷入了疯狂。在失去理智的状态下，她们糊里糊涂地从神庙中跑出，在悬崖边游荡，从此不见了踪影。

名师指津

　　好奇心作为人性的重要组成部分，是推动人类不断前进、探索未知的重要动力。然而，在某些情况下，好奇心也可能导致人们跨越界限，窥探秘密，从而带来不可预知的后果。刻克洛普斯的女儿们的好奇心可能会威胁到厄里克托尼俄斯的安全，这也暗示了人类在面对神秘和未知时，需要保持敬畏和谨慎。

从那一刻起，厄里克托尼俄斯便完全由雅典娜亲自守护，他的安全再无人能够威胁。而那座被雅典娜扔下的山，依然矗立在乌鸦报信的地方。后来人们为了纪念这一事件，将这座山命名为吕卡柏特。

随着时间的流逝，厄里克托尼俄斯逐渐长大成人，他继承了刻克洛普斯的王位，成为雅典的国王。在他执政期间，为了表达对雅典娜的深深敬意和感激，他创立了古老的庆典——泛雅典娜节。这个节日不仅是对雅典娜的纪念，更是对雅典人民团结和繁荣的庆祝。

在厄里克托尼俄斯的后代厄瑞克透斯统治雅典的时期，一场残酷的战争在雅典与厄琉西斯城之间爆发。在这场激战中，色雷西亚人的国王欧摩尔波斯的儿子伊玛拉德选择站在厄琉西斯城一方，为他们提供强大的援助。对于厄瑞克透斯和他的雅典军队来说，这场战争仿佛是一场无法逃脱的灾难。

色雷西亚人在伊玛拉德的英明领导下，**步步为营**，不断逼近雅典的防线。最终，厄瑞克透斯被逼入绝境，不得不逃至得尔斐阿波罗的神示所，寻求神明的指引，希望能找到扭转战局的方法。

在神示所中，女祭司皮提亚在神明的启示下，给出了一个令人胆寒的答案。她告诉厄瑞克透斯，要想取得战争的胜利，必须将他的一个女儿献祭给众神。这个回答让厄瑞克透斯**心如刀绞**，但他知道，作为雅典的王，他必须为了国家的未来而做出艰难的选择。

厄瑞克透斯有一个女儿，名叫克托尼亚。虽然她还年轻，但非常热爱祖国。当得知皮提亚的答复后，她没有丝毫犹豫，勇敢地站出来，表示愿意为了守护雅典城而献出自己的生命。看着女儿坚定的眼神，厄瑞克透斯心中充满了悲痛，但他也明白，这是拯救雅典的唯一办法。

最终，为了国家和人民的利益，厄瑞克透斯不得不做出这个艰难的决定。他将女儿克托尼亚献祭给了众神，希望神明能够庇佑雅典，让他们在这场战争中取得胜利。

> **名师指津**
>
> 本段描述展现了克托尼亚对祖国的深深热爱和无私奉献的精神。尽管她还年轻，但依旧没有任何犹豫或恐惧，勇敢地站出来，表示愿意为了守护雅典城而献出自己的生命。

品读与赏析

本篇故事涉及雅典城的建立，神祇之间的争斗，以及关于牺牲精神和爱国主义的深刻情节。刻克洛普斯作为地神之子，以半人半蛇的形态降临世间，并成为雅典城及其卫城的奠基人。他的出现和形象象征着神祇与大地的紧密联系，以及他在雅典建设中的重要作用。而文章开篇海神波塞冬与雅典娜的争端，展示了神祇之间的权力斗争和他们对人类世界的掌控欲望。

故事的高潮出现在女祭司皮提亚给出的神示中。为了取得战争的胜利，厄瑞克透斯必须将他的一个女儿献祭给众神。这一消息对厄瑞克透斯来说是一个巨大的打击，但他作为雅典的王，必须为了国家的未来而做出艰难的选择。最后，厄瑞克透斯的女儿克托尼亚，尽管年轻，却表现出深深的爱国情感。她毫不犹豫地表示愿意为了守护雅典城而献出自己的生命。这一情节展示了克托尼亚的勇敢和无私，也体现了古希腊文化中对于爱国主义和牺牲精神的重视。

整个故事通过丰富的情节和人物塑造，展现了古希腊神话中的权力斗争、牺牲精神以及神祇与人类之间的紧密联系。同时，也传达了对于爱国主义和勇敢精神的赞美和颂扬。

读书笔记

快乐读书吧

读书笔记
彩图版

张芳　主编

中国神话故事

花山文艺出版社

河北·石家庄

图书在版编目（CIP）数据

中国神话故事 / 张芳主编. -- 2版. -- 石家庄：花山文艺出版社，2025. 4.（2025.5重印）--（快乐读书吧 ：读书笔记彩图版）. -- ISBN 978-7-5511-7368-1

Ⅰ. I277.5

中国国家版本馆 CIP 数据核字第 2024S0V685 号

前言

　　本书精选的中国古代神话故事名篇，具有代表性及独特性，让孩子们在畅游神话王国的同时，加深对优秀传统文化的理解，激发其想象力和创造力，进而促进少年儿童智力发展。

　　这些神话故事，热情讴歌人民群众勤劳善良和机智勇敢的传统美德，具有教育意义。

　　神话故事是我国文学艺术宝库中的一颗璀璨明珠。阅读神话故事时，我们可以不断汲取中华民族持续奋斗的精神力量，感受那多彩、美丽的奇特世界。

目录

盘古开天辟地

在山河万物出现之前，世界是什么样子的？

传说在天地开辟以前，宇宙**混沌一片**，像个鸡蛋一样。盘古在这个"鸡蛋"中酣睡了约一万八千年才醒来，当他睁开蒙眬的睡眼时，眼前除了黑暗还是黑暗。他想伸展一下筋骨，但"鸡蛋"里混沌的物质紧紧包裹着他的身子，令他感到浑身**燥热不堪**，呼吸非常困难。

天哪！我需要突破！

盘古不能想象在这种环境中忍辱地生存下去。于是他拔下自己的一颗牙齿，把它变成威力巨大的神斧，抡起来用力向周围劈砍。

"哗啦啦啦……"一阵巨响过后，"鸡蛋"裂开了，一股清新的气体散发开来，**飘飘扬扬**升到高处，变成天空；另外一些浑浊的东西缓缓下沉，变成大地。从此，混沌不分的宇宙有

名师指津

此处描写表现了盘古刚刚睡醒时懵懂的样子。周围的黑暗为后面的故事埋下伏笔。

名师指津

此处描写表现了盘古在闷热、黑暗场景中的心理活动。

1

了天和地，天地之间
不再是**漆黑一片**。

盘古仍不停歇，继续奋战……不
知又过了多少年，天终于不再长高了，地
也不能再加厚了。

这时，盘古已耗尽全身力气，他缓
缓地、满怀深情地望了望自己亲手开辟的天地。

啊！自己竟然创造出这样一个崭新的世
界！从此，天地间的万物再也不会生活在黑暗

中了。

盘古长长地吐出一口气，慢慢地躺在地上，闭上沉重的眼皮。

伟大的英雄死在了自己开辟的天地间，但他的身体并没有消失：临终前，他呼出的气变成了风和天空的云雾；他发出的声音变成了隆隆的雷声；他的左眼变成太阳，照耀大地；他的右眼变成皎洁的月亮，给夜晚带来光明；他的头发和胡须变成闪烁的星星，点缀美丽的夜空；他的鲜血变成江河湖海，**奔腾不息**；他的肌肉变成**千里沃野**，供万物生存；他的汗毛变成树木花草，供人们欣赏；他的牙齿变成石头和金属，供人们使用；他的骨髓变成明亮的珍珠，供人们收藏；他的汗水变成雨露，滋润禾苗。盘古倒下时，他的头化作了东岳泰山（在山东），他的脚化作了西岳华山（在陕西），他的左臂化作了南岳衡山（在湖南），他的右臂化作了北岳恒山（在山西），他的腹部化作了中岳嵩山（在河南）。

名师指津
此段描写让我们了解盘古的身体为什么没有消失。

品读与赏析

在神话传说中，伟大的盘古劈开了混沌，开辟了天地，为万物带来了适宜生存的环境。

本文多处运用环境描写和心理描写，为我们展现了盘古的超人能力，即使他倒下了，但他的遗体仍旧造福着世界。

读书笔记

女娲造人补天

名师导读

如果说盘古是开天辟地的"男神"，那么女娲绝对是不折不扣的"女神"。在华夏文明中，女娲与造人、补天的传说密不可分……

女娲是中华民族神话传说中的人类之母。盘古**开天辟地**后，天上虽有太阳和月亮，地上虽有山川草木，可是世间太过寂静。

女娲就睡在这寂静当中。她睡了好久好久，当她醒来之后走在这无边无际的世界上，内心孤寂无聊，因为在这**空旷寂寥**的世界上，竟然没有生物可以同她讲话。

女娲走到了波光粼粼的湖边，湖面上映出了她的影子，影子随着水波不停地摇曳。女娲看着自己不停摇曳的影子，**灵机一动**。她掬起一把带水的黄泥，比照着自己的样子捏了起来。神奇的是，这用黄泥捏出来的小东西，一着地，

名师指津

虽然世间已有太阳、月亮和山川草木，但这一切都太过寂静了，没有一丝活力，更不要提璀璨的文明了，这样的世界是多么无趣啊！

名师指津

因为我们中华儿女都是黄皮肤黑头发，想象总是会以现实为土壤。

竟然可以围着她**奔跑嬉闹**。女娲看着他们非常开心，还给他们起了名字——人。

女娲觉着这些**活蹦乱跳**的小人虽然跟那些鸟兽一样都是会活动的，但是同鸟兽比较起来，这些小人好像更加聪明。

于是女娲就想，如果这些小生命能铺满大地该多好。但是大地实在是太辽阔了，即便她不停地用手去捏黄土，她纤细的手都被水泡得粗糙了，这些小人的数量还是无法铺满大地。女娲觉得她必须要用一个更加快捷的方法造人，于是她就顺手拔起了湖边的一棵参天紫藤。

女娲把紫藤泡在湖里，用力搅动着湖水，直到紫藤上面全沾上了泥浆，就用力地甩出去。泥浆像雨滴一样落到地面上，那些落在地面上的泥点子竟然全都变成了小人，只是这用紫藤甩出来的小人，比之前她捏出来的更加**形状各异**，有高有低，有胖有瘦。

女娲心里高兴，因为她觉得这些形状各异的小人能够让世界变得更加**色彩斑斓**。

女娲不停地甩动着紫藤，泥浆飞溅在世界各地，这些泥浆变成的小人同黄泥捏出来的小人一起在世界上有哭有笑，能走能跳。不久之

6

后，大地上就布满了人的足迹，世界终于变得**生机勃勃**了。但是，女娲想：人不是神，有生就会有消亡的那一天，如果有办法让他们自己繁衍，那么人类就可以永远存在于这世界上了。于是女娲就把人分成了"女人"和"男人"，并且让他们组建家庭，就这样，人在大地上**繁衍生息**，绵延了一代又一代。

可是幸福的日子并没有持续多久。

共工撞塌了撑天的不周山，天空大地动荡不安。山林燃起了熊熊大火，岩浆从地下喷涌而出。江河泛滥，大地变成了海洋。凶猛残忍的野兽在大地上横行。人类面临着灭顶之灾。

女娲看着自己造出来的人类要承受这么大的苦难，痛心极了，而且她深刻地明白，人类自身是无法消除这场劫的。所以她必须要全力以赴地修补这残破的天地，保护她的孩子们。女娲不畏艰辛劳苦，从江河湖海里捡来了五彩的石子，再架起火炉

名师指津

情节陡转，在无情的灾难面前，人类显得极其弱小，女娲这位人类的母亲会怎样保护她的孩子们呢？女娲补天的故事就这样铺展开来。

把这些石子全都炼成糊状的液体，然后用这些液体一点一点地把撕裂的天空补好。天空被补好之后同以往的样子相比并没有太大的变化，只是略微地有些往西边倾斜，所以到了现在，我们就看到了太阳**东升西落**的景象。

在女娲的努力之下，人类度过了这场浩劫。但是女娲为人类考虑了很多事情，她担心天空有一天再出现什么意外，于是她就找来了一只巨大的乌龟，斩下了乌龟的四只脚，立在了大地的四个角，撑起了天空，这样天空就像一个结实的帐篷那样，再也不会坍塌了。

然而，当女娲忙着补天的时候，有一条恶龙在中原一带**兴风作浪**，它鼓动洪水，危害人间，使人类的世界成了一片废墟，良田变成了淤泥。

女娲很愤怒，她赶过去杀掉了恶龙，赶跑了趁机作乱的野兽，使人类不再遭受残害。

野兽走了，洪水还在肆虐，人类还是无法播种稻谷，收获粮食。于是女娲就把河边生长的芦苇烧掉，用它们的灰烬阻挡洪水的侵袭。

灾难一次次被女娲解除，人类一次次**死里逃生**。

大地**欣欣向荣**，四季开始分明，那些曾经**性情暴虐**的动物有的变得温驯起来，有的去了森林深处，同人类过着互不干扰的生活。大地上到处都是肥沃的土地，人类在土地上播种不同的植物，以此收获食物，快乐地生活着。

但女娲觉得这世界还是缺少了点儿什么，人类好像从来没有过娱乐活动。于是她就把十三支管子插进了葫芦里，用它吹出了悠扬的乐曲。女娲造出来的这个神奇的物件，不仅吹出来的声音美妙，看起来也如凤凰的尾巴般美丽。女娲称它为"笙簧"，并把它送给了她造出来的人类。

从此以后，人类的活动就不仅仅是简单地维持生活，还有了娱乐。

神话中的女娲本应和人类共享这世界的欢乐和美好，她是人类最伟大的母亲。但是因为长时间的**辛苦劳作**，她倒下了，而且再也起不来了，任凭人类怎样哭喊祈求，她都没有再起来。

名师指津
描绘了人类安居乐业、大地欣欣向荣的美好景象。

名师指津
多才多艺的女娲想得周到，她给人类的乐器值得一代一代地传承下去，并且发扬光大。

品读与赏析

　　虽然陆地上出现了活蹦乱跳的小人儿，但人类却面临着诸多危险。多亏了女娲日夜不辍、殚精竭虑地解决问题，人类才能够安居乐业。

　　本文多处运用环境描写和心理描写，为我们展现了女娲对人类的无私奉献。

读书笔记

共工怒触不周山

名师导读

不周山，意为不完整的山。共工怒触不周山的传说由来已久，后来不周山也代指"灾难"。这究竟是怎样一个故事呢？

共工和祝融都是古代神话传说中的神灵，共工代表了水神，而祝融则代表了火神。

传说，水神共工又叫康回，人脸、蛇身、红发，一看就是个狠角色。共工手下有一个叫相柳的，同样人首蛇身，长着九个大脑袋，性情**凶残贪婪**，是共工最得力的帮手。除此之外，还有一个叫浮游的。他们都是一路货色。

名师指津

写出了共工的外貌，这样的"狠角色"会干出什么事儿呢？

这一年，共工和祝融发生了一点矛盾，随着关系恶化，一场可怕的战争爆发了。

这是一场杀得**昏天黑地**的恶战，为了打败火神祝融，共工和他手下的那伙帮凶，先造了一个巨大的白木筏子，**穷凶极恶**地一路呼号着向祝融冲杀过去。而江中的那些鱼、鳖、虾、蟹也都一起随他们冲杀而去,直杀得**翻江倒海**。

尽管共工来势汹汹,但他终究没能战胜祝融。火神祝融发出的熊熊烈焰,铺天盖地地燃烧起来,直把江河里的虾兵蟹将烧得焦头烂额,**狼狈逃窜**。他们的统帅共工也大败而逃。

最终,火神祝融打败了水神共工。

共工的手下浮游是个急性子,战败后,便投进淮河自杀了;共工那个不知名的儿子,在大军败退后,也被气死了;蛇身九头的怪物相柳,虽然没有战死,但觉得自己败得那样惨,没脸见人,便偷偷地跑到昆仑山的北面隐居去了。

共工眼见兵败如山倒,真是又羞愧又恼怒,也觉得没有脸面再活在人世间了。

于是,就一头朝西方的不周山撞去。这一撞可不要紧,他自己没有撞死,反倒使天与地改变了模样,使世界发生了可怕的大灾难。

这不周山本是一根撑天的柱子,一撞之下断成两截,天立刻向西北方偏斜,原本

连着不周山的地方出现了一个大窟窿，无数的星星从窟窿里掉出来，大地也受到震荡，马上就要发生大洪水了。

这次，水神共工可算是闯下了**滔天大祸**，山林里的大火经过了好几个月都没有熄灭，地上的洪水也翻滚着没停下来的意思。

品读与赏析

水神共工与火神祝融之间的大战是由"水火不相容"引起的。一方面，它解释了水火相克的原理，也就是说，水火天生不睦。另一方面，在这场惊天动地的水火之战中，没有正义和公理，只有大自然的力量在搏击。

本文多处运用环境描写，为我们描述了共工与祝融之间的大战。共工是个坏水神，性情凶狠。它经常在心血来潮时，施展神力，呼风唤雨，用洪水伤害天下的百姓，把一个好端端的华夏弄得一片汪洋。后来的大禹治水，也是因为共工作乱引发了洪水。

读书笔记

神农尝百草

传说中的上古三皇之一的神农氏，也就是炎帝，相传是农耕的发明者、医药的发现者。自他以后，中国进入了农耕社会。我们一起来看一看神农尝百草的故事吧。

远古时期，人类还没有丰富的食物，靠捋草籽、采野果、猎鸟兽维持生活。有时吃错东西还会中毒，严重时就会被毒死。人们得了病，不知道**对症下药**，都是靠硬挺，挺过去就好了，挺不过去就死了。

神农氏为这事很犯愁，决心尝百草、定药性，为大家**消灾祛病**。

有一回，神农氏的女儿花蕊公主病了。她茶不思，饭不想，浑身难受，腹胀如鼓，如何调治也不见好转。神农氏很犯难，**思来想去**抓了一些草根、树皮、野果、石头粉末，数了数，共十二味，招呼花蕊公主吃下，自己因地里活忙，就走了。

花蕊公主吃了那药，肚子疼得像刀绞。没一会儿，就生下一只小鸟，这可把家人吓坏了，都说它是个妖怪，要赶紧把它赶出去。谁知这小鸟通人性，见家人烦它，就飞到地里寻神农氏。

神农氏正在树下打瞌睡，忽听到"叽叽，外公！叽叽，外公！"的叫声，抬头一看，是一只小鸟。神农氏嫌它吵得人心烦，就一抡胳膊，"哇嗤——"的一声，把它撵飞了。

没一会儿，这小鸟又飞回到树上，又叫："叽叽，外公！叽叽，外公！"神农氏很生气，拾起一块石头，朝树上一扔，把它吓飞了。又没多大一会儿，小鸟又回到树上，又叫："外公，叽叽！外公，叽叽！"

神农氏仔细一听，听懂了，就把左胳膊一抬，说："你要是我的外孙，就落到我的手上！"那小鸟真的扑棱棱飞下来，落在神农氏的左手上。神农氏细看这小鸟，浑身翠绿、透明，连肚里的肠子也能看得**一清二楚**。

神农氏托着这只**玲珑剔透**的小鸟回到家，家里人一看，吓得**连连后退**，说："快打它，妖怪，快打它……"他乐呵呵地说："这不是妖怪，

15

是宝贝哟！就叫它花蕊鸟吧！"

神农氏又把花蕊公主吃过的十二味药分开在锅里熬。熬一味，喂小鸟一味，一边喂，一边看，看这味药到小鸟肚里往哪走，有什么变化。自个儿再亲口尝一尝，体会这味药在自己肚里是什么滋味。十二味药喂完了，尝妥了，一共走了手足三阴三阳十二经脉。

他托着这只鸟上大山，钻老林，采摘各种草根、树皮、种子、果实；捕捉各种**飞禽走兽**、**鱼鳖虾虫**；挖掘各种石头矿物。一样一样喂小鸟，一样一样亲口尝。观察体会它们在身体中各走哪一经，各治何病。

名师指津
　表达出神农带着小鸟到处奔走的辛苦。

时间长了，神农氏就摸清了人体的十二经脉，还写下了《本草经》。

神农氏想想，还不放心，就手托这只鸟继续验证。他来到太行山，转了九九八十一天，来到小北顶（神农坛），捉全冠虫喂小鸟，没想到这虫太毒，一下把小鸟毒死了。神农很后悔，大哭了一场。

哭过后，神农氏选

了上好的木料，照样刻了一只鸟，走
到哪儿就带到哪儿。后来，神农氏在
小北顶两边的百草洼，误尝了断肠草，
去世了。

到现在，在百草洼西北的山顶上，还有一块像弯
腰搂肚的人一样的石头，人们都说是神农氏变的。

为了纪念神农氏创中医、制本草，人们把小北顶
改名为神农坛，并在神农坛上修建神农庙，庙里塑
了神农像：神像左手托着花蕊鸟，右手拿着药正往嘴
里送。

品读与赏析

为了知道哪些是可以治病的药材，神农氏不辞辛苦
走了许多地方，带着花蕊鸟尝草药、辨药性，最终编著
出了《本草经》。

本文多处运用外貌描写、环境描写，为我们展现了
神农尝百草的辛苦，同时还彰显了他不畏艰险的品质。

读书笔记

黄帝战蚩尤

名师导读

相传大名鼎鼎的黄帝、炎帝与蚩尤势不两立。终于有一天，战争爆发了……

数千年前，中国黄河、长江流域一带住着许多氏族和部落。其中黄帝是黄河流域最有名的部落首领之一。另一个有名的部落首领叫炎帝。在长江流域有一个九黎族，他们的首领名叫蚩尤，**十分强悍**。

蚩尤有八十一个兄弟，他们个个兽身人面，**铜头铁臂**，**勇猛无比**，还十分擅长制造刀、弓弩等各种各样的兵器。蚩尤常常带领他强大的部落，侵略别的部落。

名师指津

此处对蚩尤部落进行了详细介绍，为后文黄帝和炎帝征讨蚩尤埋下伏笔。

有一次，蚩尤侵占了炎帝的地方，炎帝起兵抵抗，但不是蚩尤的对手，被蚩尤打得**一败涂地**。炎帝没办法，逃到黄帝所在的地方涿鹿请求帮助。黄帝早就想除去蚩尤的部落，于是联合各部落首领，在涿鹿的田野上和蚩尤展开一场大决战，这就是著名的"涿鹿之战"。

　　战争之初，蚩尤凭借着精良的武器和勇猛的士兵，连连取胜。后来，黄帝请来龙和其他猛兽助战。蚩尤的兵士虽然凶猛，但是遇到有了龙和猛兽相助的黄帝的军队，也抵挡不住，纷纷败逃。

　　黄帝带领兵士**乘胜追杀**，忽然天昏地暗，**浓雾弥漫**，狂风大作，雷电交加，天上下起暴雨，黄帝的兵士无法继续追赶。原来蚩尤请来了"风神"和"雨神"助战。黄帝也**不甘示弱**，请来天上的"旱神"帮忙，

名师指津
　　描述了当时黄帝等人遭遇的情况十分凶险。

19

驱散了风雨。刹那间，**风止雨停，晴空万里**。蚩尤又用妖术制造了一场大雾，使黄帝的兵士迷失了方向。黄帝利用天上北斗星永远指向北方的现象，造了一辆"指南车"，指引兵士冲出迷雾。

经过多次激烈的战斗，黄帝终于打败了九黎部落，并杀死了蚩尤。

蚩尤死后，他勇猛的形象仍然让人畏惧，黄帝就把他的形象画在军旗上，用来鼓励自己的军队勇敢作战，也用来恐吓敢于和他作对的部落。

后来，黄帝得到了许多部落的支持，渐渐成为所有部落的首领。

品读与赏析

黄帝和炎帝等人众志成城，协力讨伐残暴的蚩尤。经过一场场大战，最终击败了蚩尤的部落，并将他处死了。

本文多处运用环境描写，为我们展现黄帝与蚩尤大战的宏大场面，尤其是双方交战时甚至请来了"风神""雨神"和"旱神"的场面，真精彩。

读书笔记

刑天舞干戚

名师导读

黄帝战胜了蚩尤，但同时他也吞并了炎帝的部落，虽然炎帝默不作声，但他麾下的大将刑天却按捺不住了……

当炎帝还是统治宇宙的天帝的时候，刑天是炎帝手下的一位大臣。他生平酷爱音乐，曾为炎帝作乐曲《扶犁》，作诗歌《丰收》，总名称为《卜谋》，以歌颂当时人民幸福快乐的生活。

后来，炎帝到南方做了一名小小的天帝，他的子孙和手下十分不服气。当蚩尤举兵反抗黄帝的时候，刑天曾想去参加这场战争，只是因为炎帝的坚决阻止才没有成行。

蚩尤战败后被杀死，刑天再也**按捺不住**他内心的愤怒，于是偷偷地离开南方天庭，径直奔向中央天庭，去和黄帝争个高低。

刑天左手握着盾牌，右手拿着一柄闪光的大斧，一路**过关斩将**，砍开重重天门，直杀到黄帝的宫前。黄帝正带领众大臣在宫中观赏仙

名师指津

此处写出刑天不服黄帝，想要挑战他，引出后面的故事。

21

女们的**轻歌曼舞**,猛见刑天挥舞盾斧杀将过来,顿时大怒,拿起宝剑就和刑天搏斗起来。两人剑刺斧劈,从宫内杀到宫外,从天庭杀到凡间,直杀到常羊山旁。

常羊山是炎帝降生的地方,往北不远,便是黄帝诞生地轩辕国。轩辕国的人个个人脸蛇身,尾巴缠绕在头顶上。两个仇人都到了自己的故土,因而战斗格外激烈。

刑天想,世界本是炎帝的,现在被你窃取了,我一定要夺回来。黄帝想,现在普天下邦安民乐,我轩辕**子孙昌盛**,岂容他人染指。于是两人都使出浑身力量,恨不得能将对方一下杀死。

黄帝到底是**久经沙场**的老将,又有九天玄女传授的兵法,便比刑天多些心眼,觑个破绽,一剑向刑天的颈脖砍去,只听"咔嚓"一声,刑天像小山一样的巨大头颅,便从颈脖上滚落下来,落在常羊山脚下。

刑天一摸颈脖上没有了头颅,顿时惊慌起来,忙把斧头移到握盾的手上,伸出另一只手在地上乱摸乱抓。他要寻找到他那颗不屈的头颅,安在颈脖上再和黄帝大战一番。他摸呀摸

呀，周围的大小山谷被他摸了个遍，参天的大树，突出的岩石，在他右手的触摸下，都折断了、崩塌了，还是没有找到那颗头颅。

他只顾向远处摸去，却没想到头颅就在离他不远的山脚下。

黄帝怕刑天真的摸到头颅，恢复原身又来和他作对，连忙举起手中的宝剑向常羊山用力一劈，随着"轰隆隆""哗啦啦"的巨响，常羊山被劈为两半，刑天的巨大头颅骨碌碌地落入山中，两山又**合而为一**，把刑天的头颅深深地埋葬起来。

听到这异样的响声，感觉到周围异样的变动，刑天停止摸索头颅。他知道黄帝已把他的头颅埋葬了，他将永远**身首异处**。

他呆呆地立在那里，就像是一座黑沉沉的大山。想着黄帝那洋洋得意的样子，想着自己的心愿未能达成，他愤怒极了。他不甘心就这样败在黄帝手下。突然，他一只手拿着盾牌，一只手举起大斧，向着天空乱劈乱舞，继续和眼前看不见的敌人**拼死搏斗**起来。

名师指津
体现出刑天的愤怒与不甘。

品读与赏析

刑天真是勇猛过人，即使是他的君主臣服于黄帝，他仍旧愿意为了"主人"出气，挑战战无不胜的黄帝。

本文多处运用动作描写、心理描写，为我们展现了刑天即使失去头颅仍旧挥舞着兵器的神勇场面。

读书笔记

河伯神的传说

名师导读

古时候，在华阴潼乡有个叫冯夷的人，不安心耕种，一心想成仙。他听说人喝上一百天水仙花的汁液，就可化为仙体，于是就到处找水仙花……

大禹治理黄河之前，黄河流到中原，没有固定的河道，到处漫流，经常**泛滥成灾**。地面上七股八道，沟沟岔岔，全是黄河水。

冯夷东奔西跑找水仙花，就常渡黄河、跨黄河、过黄河，常和黄河打交道。转眼过了九十九天，再找上一棵水仙花，吮吸一天水仙花的汁液，就可成仙了。冯夷很得意，又过黄河去一个小村庄找水仙花。这里的水不深，冯夷蹚水过河，到了河中间，突然河水涨了。他一慌，脚下打滑，跌倒在黄河中，被活活淹死了。

冯夷死后，一肚子冤屈怨气，**咬牙切齿**地恨透了黄河，就到玉帝那里去告黄河的状。玉帝听说黄河没人管教，到处横流撒野，危害百

名师指津

突出了黄河肆意横流的泛滥景象。

25

姓，也很
恼火。他见冯
夷已吮吸了九十九天
水仙花的汁液，也该成
仙了，就问冯夷愿不愿意去
当黄河水神，治理黄河。

冯夷**喜出望外**，满口答应。这一来可了却自己成仙的心愿，二来可报被淹之仇。

冯夷当了黄河水神，人称河伯。他从来没有做过治水的事儿，一下子担起治理黄河的大任，**束手无策**，发了愁。怎么办呢?

名师指津

此处对河伯没有办法治水的描述引出了下面找玉帝帮忙的情节。

自己道行浅，又没什么法宝仙术，只好又去向玉帝讨教办法。玉帝告诉他，要治理好黄河，先要摸清黄河的水情，画幅水情图，有黄河的水情图为依据，治理黄河就省事多了。

河伯按玉帝的指点，一心要画幅水情图。他先到了自己的老家，想找乡亲们帮帮忙。乡亲们都讨厌他**好逸恶劳**，没人搭理他。他找到村里的后老汉，讲了他治理黄河的大志。后老汉见他如今成了仙，要给百姓们办点好事，就答应帮帮他。

从此，河伯和后老汉风里来雨里去，跋山涉水，察看黄河水情。两个人一跑就是好几年，硬是把后老汉累病了。后老汉只能回去，剩下河伯继续沿黄河察看水情。

分手时，后老汉再三嘱咐河伯，干事要干到底，不要**半途而废**，画好图就动手治理黄河，人手如果不够，他就说服乡亲们帮忙。

查水情，画水情图，是个苦差事。等河伯把水情图画好，已年老体弱了。河伯看着水情图，黄河哪里深，哪里浅；哪里好冲堤，哪里易决口；哪里该挖，哪里该堵；哪里能断水，哪里可排洪，画得一清二楚。只可叹自己没有

27

气力去照图治理黄河了，很伤心。

河伯想了想，总有一天会有能人来治理黄河的，那时，把水情图授给他，也算自己没有白操心。

河伯从此就在黄河底下**安度晚年**，再没有露面。不料，黄河连连涨水，屡屡泛滥。百姓们知道玉帝派河伯来治水，却不见他的面，都骂河伯不**尽职尽责**，不管百姓死活。

后老汉在病床上天天盼河伯，一晃好些年不见。他对治理黄河的事不放心，要去找河伯。后老汉的儿子叫后羿，射箭**百发百中**。无论后老汉如何讲，后羿都不让他去找河伯。后老汉不听儿子的劝阻，结果遇上黄河决口，被水冲走淹死了，连尸体都没找到。

名师指津
此处表达了后羿对河伯深深的恨意。

后羿非常恨河伯，咬着牙说，早晚要把河伯射死。

后来，到了大禹出来治水的时候，河伯决定把黄河水情图授给他。

这一天，河伯听说大禹带着开山斧、避水剑来到黄河边，他就带着水情图从水底出来，寻找大禹。河伯和大禹没见过面，谁也不认得谁。河伯走了半天，累得正想歇一歇，看见河对岸走着一个年轻人。这年轻人**英武雄伟**，想必是大禹，河伯就喊着问起来："喂，你是谁?"

对岸的年轻人不是大禹，是后羿。他抬头一看，河对岸有一个**仙风道骨**的老人在喊，就问道："你是谁?"

河伯高声说："我是河伯。你是大禹吗?"

后羿一听是河伯，顿时怒冲心头，冷笑一声，说："我就是大禹。"说着张弓搭箭，**不问青红皂白**，"嗖"地一箭，射中了河伯的左眼。河伯拔箭捂眼，疼得直流虚汗，心里骂道："混账大禹，好不讲道理! "他越想越气，就要去撕那幅水情图。

正在这时，猛地传来一声大喊："河伯!不要撕图。"河伯忍痛用右眼一看，对岸一个头戴斗笠的人，拦住了后羿。这个人就是大禹，他知道河伯画了幅黄河水情图，正要找河伯求教呢。后羿推开大禹，又要张弓搭箭。大禹死死拽住他，把河伯画图的艰辛讲了，后羿才对自己的冒失莽撞感到后悔。

后羿随大禹一同蹚过河，并且向河伯承认了过错。河伯知道了后羿是后老汉的儿子，也没多怪罪。大禹对河伯说："我是大禹，特地来找你求教治理黄河的办法哩。"

河伯说："我的心血和治河办法都在这张图上，现在就授给你吧。"

大禹展图一看，图上**密密麻麻**，**圈圈点点**，把黄河上上下下、左左右右的水情画得一清二楚。大禹高兴极了，他想要谢谢河伯，一抬头，河伯早跃进黄河没了踪影。

大禹得了黄河水情图，日夜不停，根据图上的指点，终于治理好了黄河。

品读与赏析

　　水患带来了无数灾难，泛滥的黄河水成了百姓们生活中的大难题。这时，成了仙的河伯担起了重任，他励精图治，经过多年的勘探和努力，终于将黄河水情图交给了大禹，帮助除掉了水患。

　　本文多处运用人物刻画、语言描写等，将河伯的辛苦与努力展现出来。这个故事告诉我们，应有责任担当，不言放弃，要努力探索，达成所愿。

读书笔记

燧人氏取火种

> 很久很久以前是没有火的，人们只能在寒冷黑暗中生活。直到有一天，人类发现了火……

在远古蛮荒时期，人类不知道有火，也不会用火。到了夜晚，四处一片漆黑，野兽的吼叫声**此起彼伏**，人们蜷缩在一起，又冷又怕。由于没有火，人们只能吃生的食物，经常生病，寿命也很短。

名师指津

描写了人类在黑夜中的凄惨景象，突出了人们对夜晚的恐惧。

天上有个大神叫伏羲，他看到人们生活得这样艰难，心里很难过，他想让人们知道火的用处。

于是伏羲**大展神通**，在山林中降下一场雷雨。随着"咔"的一声，雷电劈在树木上，树木燃烧起来，很快就变成了熊熊大火。

人们被雷电和大火吓着了，到处奔逃。

不久，雷雨停了，夜幕降临，雨后的大地

31

更加湿冷。逃散的人们又聚到了一起，他们惊恐地看着燃烧的树木。

这时候有个年轻人发现，原来经常在周围出现的野兽的嚎叫声没有了，他想：难道野兽怕这个发亮的东西吗？于是，他勇敢地走到火边，他感觉身上好暖和呀。

他兴奋地招呼大家："快来呀，这火一点也不可怕，它给我们带来了光明和

名师指津

好奇心驱使着年轻人走向危险又崭新的世界，这一举动也是人类历史上辉煌的篇章。

温暖！"这时候，人们又发现不远处烧死的野兽，发出了阵阵香味。

人们聚到火边，分吃烧过的野兽肉，觉得自己从没有吃过这样的美味。

人们知道了火的可贵，他们捡来树枝，点燃火，保留起来。每天都有人轮流守着火种，不让它熄灭。

可是有一天，值守的人睡着了，火燃尽了树枝，熄灭了。人们又重新陷入了黑暗和寒冷之中，痛苦极了。

大神伏羲在天上看到了这一切，他来到最先发现火的用处的那个年轻人的梦里，告诉他："在遥远的西方有个遂明国，那里有火种，你可以去那里把火种取回来。"年轻人醒了，想起梦里大神说的话，决心到遂明国去寻找火种。

年轻人翻过高山，涉过大河，穿过森林，**历尽艰辛**，终于来到了遂明国。可是这里没有阳光，**不分昼夜**，四处一片黑暗，根本没有火。

年轻人非常失望，就坐在一棵叫"遂木"的大树下休息。

突然，年轻人眼前有亮光一闪又一闪，把

> **名师指津**
> 引出下文，指引着年轻人的探索之路。

33

周围照得很明亮。年轻人立刻站起来，四处寻找光源。

这时候他发现就在遂木树上，有几只大鸟正在用短而硬的喙啄树上的虫子。只要它们一啄，树上就闪出明亮的火花。

年轻人看到这种情景，脑子里**灵光一闪**。他立刻折了一些遂木的树枝，用小树枝去钻大树枝，树枝上果然闪出火光，可是却着不起火来。

年轻人不灰心，他找来各种树枝，耐心地用不同的树枝进行摩擦。终于，树枝上冒烟了，然后出火了。

年轻人高兴得流下了眼泪。年轻人回到了家乡，为人们带来了永远不会熄灭的火种——钻木取火的办法，从此人们再也不用生活在寒冷和恐惧中了。人们被这个年轻人的勇气和智慧折服，推举他做首领，并称他为"燧人"，也就是取火者的意思。

名师指津

真为年轻人感到高兴，他终于掌握了取火的方法。

品读与赏析

在很久很久以前，夜晚是黑暗的，没有一丝光亮。聪明的人类无意间发现了火，他们从单纯地使用火，发展为可以自己取得火。

本文多处运用语言描写、心理描写等，将人类的探索精神表述得淋漓尽致，让我们明白一个道理：要永远保持好奇心，这样才有创造奇迹的可能。

读书笔记

嫘祖养蚕

以前，人类不会织布纺花，都是穿树叶、兽皮，虽然打猎很不方便，但是谁也没有法子。这时，嫘祖站了出来，帮助人类解决了难题。

黄帝打败蚩尤后，建立了华夏部落联盟，黄帝被推选为部落联盟首领。

黄帝开始带领臣民种五谷，制造生产工具，用兽皮制作衣冠。制作衣冠的任务落到正妃嫘祖肩上。

嫘祖在制作衣冠的过程中，和黄帝手下三个大臣都有具体的分工。胡曹负责做帽子，伯余做衣服，于则做鞋。嫘祖经常带领部落里的妇女上山剥树皮、织麻布，把男人们捕猎获得的各种猎物，凡是能用的皮毛都剥下来，一一进行加工制作。

不长时间，部落里大小首领都穿戴上了衣冠。

然而嫘祖由于**劳累过度**，病倒了，整天**茶饭不思**。守护在嫘祖身边的妇女想尽各种办法，做了很多嫘祖爱吃的东西，嫘祖看看，总是摇摇头。一连三天，嫘祖没有吃任何东西，黄帝和众大臣为此事都很着急。

有一天，嫘祖身边的几个女子悄悄在一起商量，打算上山摘些鲜果子回来，看嫘祖吃不吃。

她们一早就进山，跑遍了整个山坡，摘了无数的果子，可是尝一尝，不是涩，就是酸，总觉得不可口。

直到天快黑了，突然在一片桑树林里发现满树结着白色小果，她们以为找到了好鲜果，赶忙就摘，

名师指津
跑遍山坡，表达了女人们对嫘祖发自内心的关心。

谁也没顾得上尝一口。等到拿回来，用嘴一咬，发现很硬，也没啥滋味。几个女子灰心地站在一起，你看我，我看你，心里都很难过。

这时，走来一位名叫共鼓的大臣，发现嫘祖身边的几个女子站在一起直发愣，以为发生了啥事，连忙问怎么回事。女子们把她们为嫘祖摘回白色果子的事说了一遍。

共鼓一听，随便说了一句："现在咱们有火，不如就用水煮一下。"

这句话一下子提醒了这些女子，她们连忙把"白果"倒在水里，架起火就煮。

谁知，煮了好一阵，一咬，还是没什么滋味。

这时，另一个女子拿起一根细木棒，无意地在锅里乱搅。搅了一阵，往出一拉，发现木棒上缠着很多像头发丝一样细的白线。她们边挑边缠，不大工夫，煮在锅里的白色果子的"壳"全部变成了**晶莹柔软**的细丝线。她们把这个新鲜事告诉了嫘祖。

嫘祖不听则罢，一听病情好像立即减轻了大半，要看个究竟。身边人不让她走动，把缠在木棒上的细丝线拿来给她看。

嫘祖是个非常聪明的女人，她在协助黄帝

制作衣冠时，想了好多办法，克服了无数困难。她端详着缠在木棒上的细丝线，对周围的女子说："这不是果子，不能吃，但它大有用处。"接着嫘祖就详细询问了果子从哪里摘来，什么山，什么树。

说来也怪，嫘祖听了后，第二天病就全好了，开始想吃东西了。

她不顾黄帝的劝阻，亲自带领妇女们上山去实地察看。

嫘祖在树林里观察了几天，才弄清这种白色果子是桑树上的虫子口吐细丝绕织而成，并非树上结的果子。嫘祖回来把这事向黄帝做了详细说明，并要求黄帝下令保护所有的桑树林。

从此，人们就在嫘祖带领下开始采桑养蚕，缫丝纺绸。后来，人们称嫘祖为"先蚕娘娘"。

品读与赏析

　　我们人类区别于其他动物的一个明显特征就是我们人类是穿衣御寒的。嫘祖发明了养蚕制衣，造福了人类，让我们的生活越发多姿多彩。

　　本文多处运用语言描写、动作描写等，将人类发现并用蚕制出丝线的过程描绘得十分详尽，让我们体会到了古代人民的智慧思想和努力精神。

读书笔记

凤凰文化

名师导读

　　少昊是远古时代华夏部落联盟首领，同时也是早期东夷族的首领。在他的部落里诞生了原始的凤凰文化，成为中华民族的图腾之一。

　　少昊，嬴姓，名挚。又称白帝，是黄帝的长子。

　　在少昊出生的时候，天空有五只凤凰，**颜色各异**，是按五方的颜色青、白、赤、黑、黄而生成的，飞落在少昊氏的院里，所以少昊也被称为凤鸟氏。

　　少昊开始以玄鸟，也就是燕子作为本部的图腾，后在穷桑即位大联盟首领时，凤凰飞了进来，他特别欢喜，就换成以凤凰为族神，敬拜凤凰图腾。不久迁都曲阜，并把所辖部族以鸟为名。

　　少昊是由父亲黄帝和母亲嫘祖精心养育的，具有神奇的天赋和非凡的能力。他少年即

名师指津

　　突出了少昊其人的降生与众不同。

被黄帝送到东夷部落联盟里最大的部落凤鸿氏部落里历练，并娶凤鸿氏之女为妻，成为凤鸿氏部落的首领，后又成为整个东夷部落联盟的首领。

他在东海的海岸建立了一个国家，他所建立的这个国家最特殊的地方是以各种各样的鸟儿作为**文武百官**。官员的具体分工基于不同鸟类的特征，凤凰掌管鸟类，燕子掌管春天，伯劳掌管夏天，鹦雀掌管秋天，锦鸡掌管冬天。

此外，他还派了五种鸟来管理日常事务。孝顺的鹁鸪负责教育，凶猛的鸷鸟统帅军队，公平的布谷负责工程建筑，威严的雄鹰负责法治，善辩的斑鸠负责宣传。另外有九种扈鸟掌管农业，督促百姓适时播种，及时收获；五种雉鸡分别掌管木工、漆工、陶工、染工、皮工等五个工种，以满足人民对生活日用品的需要。

如此，天时、地利、人和，得到了最为充分的结合。

品读与赏析

凤凰的形象和龙一样，愈往后也变得愈复杂，稳定下来的凤凰的形象是鸿头、麟臀、蛇颈、鱼尾、龙纹、龟躯、燕子的下巴、鸡的嘴，身体如鸳鸯，翅膀像大鹏一样，腿如仙鹤，是多种鸟禽集合而成的一种神物。像龙一样，凤凰不存在于现实世界中，是古人幻想的神鸟。

本文运用多种描写手法，写出了少昊创造凤凰文化的传说。

读书笔记

夸父逐日

远古时代，在我国北部最荒远的地方，有一座巍峨雄伟的山叫成都载天山，山上住着一个巨人部落叫夸父族……

名师指津

表现了夸父各方面都非常优秀。

夸父族的首领叫作夸父，他高大无比，力大无穷，**意志坚强**，气概非凡。

那时候，世界荒凉落后，毒蛇猛兽横行，人们生活凄苦。夸父为了本部落的人能够活下去，每天都率领众人跟洪水猛兽搏斗。夸父常常将捉到的凶恶的黄蛇挂在自己的两只耳朵上作为装饰，并**引以为荣**。

名师指津

将太阳比作火，体现了天气的酷热。

有一年，天大旱。火一样的太阳烤焦了地上的庄稼，晒干了河里的流水。人们热得难受，实在无法生活。夸父见到这种情景，就立下**雄心壮志**，发誓要把太阳捉住，让它听从人们的吩咐，更好地为大家服务。

一天，太阳刚刚从海上升起，夸父就从东海边上迈开大步开始了他逐日的征程。

夸父在地上疾风一样地追天上的太阳。夸父不停地追呀追。累了就在山坡上打个盹。他心里一直在鼓励自己："快了，就要追上太阳了，人们的生活就会幸福了。"他追了九天九夜，离太阳越来越近，红彤彤、热辣辣的太阳就在他自己的头上啦。

名师指津

生动描绘了夸父追着太阳跑的场景。

夸父又跨过了一座座高山，穿过了一条条大河，终于在禺谷就要追上太阳了。这时，夸父心里兴奋极了。可就在他伸手要捉住太阳的时候，突然感到**头昏眼花**，竟晕过去了。

他醒来时，太阳早已不见了。

名师指津

好不容易追到太阳，却失之交臂，夸父还会继续追寻吗？

夸父依然不气馁，他鼓足全身的力气，又准备出发了。可是离太阳越近，太阳光就越强烈，夸父越来越感到**焦躁难耐**，他觉得他浑身的水分都被蒸干了，**当务之急**，他需要喝大量的水。

于是，夸父站起来走到东南方的黄河边，伏下身子，猛喝黄河里的水，黄河水被他喝干了，他又去喝渭河里的水。谁知道，他喝干了渭河水，还是不解渴。于是，他打算向北走，去喝大泽的水。可是，夸父实在太累太渴了，走到中途时，他的身体就再也支持不住了，他慢慢地倒下，再也没有醒来。

名师指津

此处表达了夸父确实很口渴。

夸父死后，他的身体变成了一座大山，这就是"夸父山"。有人说夸父山位于现在河南省灵宝市西三十五里灵湖峪和池峪中间，还有人说夸父山位于今湖南省沅陵县五强溪镇。夸父临终前扔下的手杖，变成了一片五彩云霞一样的桃林，即"邓林"。桃林所处**地势险要**，后人把这里叫作"桃林寨"。

虽然夸父没捉住太阳，可是天帝被他甘愿牺牲、**勇敢拼搏**的英雄精神所感动，惩罚了太阳。

从此，夸父的部族年年**风调雨顺，万物兴盛**。夸父的后代子孙居住在夸父山下，生儿育女，繁衍后代，生活得非常幸福。

品读与赏析

夸父为了部族的人能够安居乐业，不惜付出自己的生命，他拼命追逐着太阳的精神令人感动。最终，他感动了天帝，成功为部族带来风调雨顺的好景象。

本文多处运用动作描写、环境描写等，将夸父努力追逐太阳的样子描绘得十分传神，让我们也明白一个道理：做任何事情都要有坚持到底的精神，破釜沉舟才可能达成所愿。

读书笔记

仓颉造字

名师导读

在没有文字的时候，做许多事情都很不方便，结绳记事、刻木为号，这种简单的记事方法，随着人类活动的增加早已不能满足人们的日常需求了。这时，仓颉受命开始创造文字……

有一次，黄帝的军队和蚩尤的军队交战，双方打得**难分难解**，胜负未定。黄帝准备改变战术，叫仓颉把作战地图拿来，仓颉一摸，身上带的作战地图早已丢失。黄帝气得跳脚，**火冒三丈**，只好暂且收兵回营。

黄帝对仓颉说："你是我身边最聪明的一位大臣，怎能在打仗的生死关头把作战地图丢失？这是多么大的过错啊！"

仓颉回答说："黄帝，如今人多事杂，又经常要打仗，用结绳记事、刻木为号的传令办法实在难以应付。照这样下去，以后还会出更大的乱子。"

名师指津

表现了黄帝当时愤怒的状态。

黄帝问："那该怎么办？"

仓颉说："需要有一种图，天下人一看，就能明白是什么意思。用这种图把你要说的话画出来，人们就会明白，并且照你的意思去做。"

黄帝觉得他说得很有道理，便说："好吧，今后你就不要随军打仗了，专门留下来给咱们画图造字吧！"

这下可把仓颉难住了。图和字怎么造呢？

他整天**苦思冥想**，半年过去了，眼看已到冬天，仓颉还没有想出造字的办法来。

一天夜里。下了一场大雪，仓颉一早起来到山上去打猎，只见满山遍野**白雪皑皑**，山川树木全被大雪覆盖。仓颉转了整座山，也没有见到一个猎物。

正准备下山回去，突然从树林里窜出来两只山鸡，在雪地上觅食。山鸡走过后，在雪地上留下了两行长长的爪印。接着，又有两只小鹿也窜出树林，发现人后撒腿跑了，雪地上又留下了小鹿的蹄印。

仓颉看得出神，把打猎的事早已忘得一干二净。他把山鸡的爪印和小鹿的蹄印一对

名师指津　承上启下，引出后面仓颉造字的故事。

名师指津　山鸡和鹿留下了脚印，这给了仓颉很大的启发。

48

比，发现形状不一样。于是他想，把鸡爪印画出来就叫鸡，把鹿蹄印画出来就叫鹿，世界上任何东西，只要把它的形象画出来不就成字了吗！

想到这里，仓颉**心花怒放**，回去后就把他的这个想法向黄帝报告。

黄帝听后笑着说："我说过，你是个聪明人，果然**不出所料**。好吧！你就把天下的山川日月，飞禽走兽，都按照象形造出字来，我再颁布天下。"

从这以后，仓颉每日仰观日月星辰，俯察鸟兽山川，创造象形文字。不久，人、手、日、月、星、牛、羊、马、鸡、犬这些字都造出来了。

可是象形文字越造越多，往哪里写呢？写在石尖上拿不动，写在木板上太笨重，写在兽皮上也不合适，这又把仓颉难住了。

名师指津
以问句的形式引出下文，巧妙又使文章有层次感。

一天，有个人在河边捉住一只大龟，前来请仓颉给它造字。仓颉把龟细看了一遍，发现龟背上有排列整齐的方格子，便照龟的象形，造了个"龟"字，然后又把字刻在龟背上的方格子里。龟由于背上刻字感到疼痛，乘人不备，爬进河里去了。

三年以后，这只背上刻字的龟，在另一个

地方又被人捉住。人们告诉仓颉，刻在龟背上的字不但没有被水冲掉，而且还长大了，字迹也更明显了。

　　从此以后，仓颉就命人把龟壳都取下来，把自己造出的所有象形字都刻在龟壳的方格子里，然后用绳子串起来，送给黄帝。

　　黄帝看了很高兴，命人好好收藏，并给仓颉记了一大功。

　　传说从这时起，我们中华民族就有了最早的象形文字，由于它们被刻在龟甲上，便称它们为甲骨文。

名师指津
　　总结式收尾；肯定了仓颉的功绩。

品读与赏析

　　人类区别于动物的地方有很多，文化的传承无疑是最高层次的区别。时至今日，我们还能够品读先贤的智慧，这一切都要归功于睿智的仓颉，是文字的出现记录了时代的变迁和文明的演变。

　　本文多处运用环境描写、语言描写等，将仓颉造字的全过程详细描述出来，让我们不禁感叹，人类的智慧真是伟大。

读书笔记

吹箫会龙女

名师导读

　　八仙之一的韩湘子原是一个风流俊俏的书生，龙宫七公主是一位面若桃花的美娇娥。韩湘子的箫声吸引了居住在深宫的七公主，七公主化身银鳗同韩湘子相会。奈何龙王家教森严，七公主和韩湘子相会的事情被发现后，七公主就被关起来了。后来韩湘子成仙，龙女成为观音侍女，二人再也无法相会。

　　韩湘子在八仙中是个**风流俊俏**的书生，他手中的神箫名为紫金箫，是用南海紫竹林里的一株神竹做的。据说，韩湘子这支神箫还是东海龙王的七公主送他的呢！

　　有一年，韩湘子漫游**名山大川**，到东海之滨，听说东海有龙女，善于音律，精于歌舞，很想会一会她。因此，他天天到海边吹箫。

　　韩湘子的箫声打动了龙女的心，是什么人能吹出如此优美动听的曲子呢？

　　三月初三这一天，龙女**身不由己**地向海边

名师指津

　　箫声打动了龙女，她会前去和韩湘子见面吗？

走去，化作一条银鳗来会吹箫郎。韩湘子一曲吹罢，大潮退去十里远。

　　这时，他发现有一条逆着潮水停留在沙滩上的银鳗，正**泪光盈盈**地望着他，似乎还陶醉在乐曲声中。韩湘子好奇地又吹起了玉屏箫。想不到，那银鳗居然在银色的月光下**婆娑起舞**，跳起神奇的舞蹈。舞姿之优美，神态之奇异，世上罕见，连闯荡江湖游遍名山大川的韩湘子也愣住了。

　　那银鳗在月光下不停地闪腰、盘舞、旋转……速度越来越快，节奏越来越紧。突然，银光一闪，银鳗不见了，只见月影中站立着天仙般的龙女，她柳叶眉，杏仁脸，玉笋手，细柳腰，金纱披身，莲花镶裙。舒腰好似嫦娥舞，起步赛过燕掠水，韩湘子看呆了。

　　龙女边舞边唱，月儿渐渐西坠，潮水慢慢回涨。忽然，一个浪头扑来，龙女不见了。这样的情景，一连发生了三个晚上。

　　这一天，韩湘子又来到海边吹箫。不知什么缘故，吹了大半天，龙女就是不出现。难道玉屏箫失灵了？韩湘子失望地把心爱的玉屏箫摔断，沮丧地往回走。

韩湘子刚走了没多远，忽闻背后有人喊他。回头一看，却是个陌生的老渔婆，她朝韩湘子道个万福说："相公，公主感谢你的美意，特地差我出来传话。前几夜在月下歌舞的乃是东海龙王的七公主。因事情暴露，公主被龙王关在深宫，不能前来相会。今天她叫我奉献南海普陀神竹一枝，以供相公制仙箫之用。望相公制成仙箫谱写神曲，以拯救龙女脱离苦海！"

说罢，老渔婆递上神竹一枝，便化成一阵清风不见了。

韩湘子将神竹制成紫金箫，从此断绝了在尘世的念头，进了深山古洞，日夜吹箫谱曲，果然练出了**超凡脱俗**的本领。

后来，八仙过海时，韩湘子神箫收蛇妖，妙曲镇鳌鱼，大显仙家神通。而东海龙女呢，却因为偷送一枝神竹受到惩罚，被观音罚为侍女，永远不得脱身。

传说，东海渔民至今还常常听到海上有深沉的箫声，那是韩湘子在想念龙女呢！

名师指津

虽然相爱的两人无法在一起，但是后来他们练就了过人本领，造福人间。

品读与赏析

　　龙女被韩湘子的箫声所吸引，两个人因此而相爱，但是龙王棒打鸳鸯，两个人终究还是没有做成夫妻。龙女感恩韩湘子的知遇，偷送给韩湘子观音菩萨的神竹，两人的深情着实令世人感叹。

　　本文多处运用语言描写、环境描写，为我们讲述了韩湘子与龙女相会、相爱的传说故事，十分动人。

读书笔记

后羿射日

传说在尧帝的时候，十个太阳同时挂在天空上，这时，会发生什么情况呢？

羲和与天帝成亲后，生了十个儿子，他们就是太阳十兄弟。这十兄弟平日待在大海以东一个叫汤谷的大水池里。由于太阳兄弟每天都在汤谷玩耍，所以汤谷的水总是沸腾的。

按照天帝的安排，每天都有一个太阳去天空值班，从清晨一直到傍晚，其他的九个太阳就留在汤谷里玩耍。

刚开始的时候，这个规定还能执行得很好，每个太阳都能**尽职尽责**地完成自己的使命。可是，时间一长，问题就出来了。值班的那个太阳一个人孤零零地站在天空，其他九个兄弟却玩得**热火朝天**。这样一来，谁也不愿意遵守天帝的旨意去值班了。

太阳兄弟们一商量："要不然大家一起去

名师指津

正是因为大家都很贪玩，没有人愿意自己一个人去值班，所以才出现了后面的情况。

56

值班吧，这样兄弟们就可以一起玩耍了。"于是，十个太阳一起跑上了天空。

瞬时，人间变成了一个巨大的火炉。江河湖泊都干涸了，花草树木都枯死了，动物们都渴死了。人们实在忍受不了这么热，纷纷躲进了山洞。但是，由于没有食物和水源，人类也支撑不了多久了。尧帝爱民如子，他看到自己的百姓这样艰辛，**无时无刻**不在祈祷，希望天帝能拯救人类。

天帝看到十个儿子的**所作所为**，也觉得他们做得过分了，却不忍心去管教。

这时候，一个名叫后羿的天神站了出来，他对十个太阳的所作所为十分不满。他对天帝说，愿意代替天帝去帮助尧帝。天帝同意了，但再三叮嘱后羿不要伤害自己的十个儿子。

后羿很快来到了人间，和尧帝一起站在山上向十个太阳喊话，要求只留下一个太阳，其他的都回到汤谷去。可是，十个太阳自恃是天帝的儿子，根本没把后羿放在眼里，仍然在天空**肆意玩乐**。后羿看到龟裂的大地，枯萎的庄稼，**奄奄一息**的老人，忍不住拿出了一把神箭。对十个太阳说："你们听好了，天上只能留一

个太阳，其他的都回去。否则，我就把你们射下来。"

后羿是当时天庭里**数一数二**的神射手，射下太阳很容易。但是，十个太阳不相信后羿会这么做，他们挑衅地说："我们是天帝的儿子！你射啊，你射啊！"说着，又笑作一团。

后羿**忍无可忍**，拿出一支箭搭在神弓上，用力一拉，只听见"嗖"的一声，神箭射向空中。

过了好一会，天上似乎暗一点了，

一只三条腿的神鸟从半空中掉了下来，重重地落在后羿前面的地上。那只神鸟就是一个太阳的灵魂。

人们忍不住欢呼起来。

后羿**一鼓作气**，一共射掉了九个太阳。当他摸出第十根神箭时，尧帝拦住了他："留下一个太阳吧！否则人间将变得寒冷和黑暗，人们同样无法生存。"

于是，天上只有一个太阳了，它早上出来，傍晚回去，温暖着人间。人们也纷纷从山洞里走了出来，过上了**幸福安定**的日子。后羿因为射死了天帝的九个儿子，天帝大怒，把他永远留在了人间。

名师指津

后羿终于开始动手除害，简单的话语体现出人们开心雀跃的状态。

59

品读与赏析

　　调皮的太阳仗着自己是天帝的儿子，不顾百姓疾苦，肆意危害人间。虽然天帝心软，不舍得惩罚自己的儿子，但后羿却决心为民除害。他射箭百发百中，终于消灭了九个太阳。

　　本文多处运用环境描写、比喻修辞，将后羿的英雄壮举描述得淋漓尽致，让我们看到一个为了百姓甘愿抵抗天庭的英雄形象。

读书笔记

嫦娥奔月

嫦娥是后羿的妻子，后羿射死了天帝的九个儿子，被天帝贬到了人间，于是嫦娥也跟丈夫一起来到人间……

人间与天宫的差别太大了，没有天宫的**金碧辉煌**，也没有天宫的温暖舒适。嫦娥满心的不痛快，整日**愁眉苦脸**，哭哭啼啼。而后羿很快适应了人间的生活，每天早早就背着弓箭去森林里捕杀恶兽。

一天，后羿吃过早饭，正要出门，被妻子拦住了。嫦娥说："来人间这么久了，我也想明白了，既然来了，就老老实实待在这里吧，整天哭哭啼啼也没什么用。可是，当神仙能长生不老，要是有长生不老的机会，你也愿意吧？"后羿听到嫦娥突然转变了思想，十分高兴，一个劲地点头。

嫦娥继续说："以前在天上的时候，我听其他神仙说过，在西边昆仑山上，住着一位西

王母，她有一种长生不老药，吃了这种药就可以长生不老。"

后羿虽然没有觉得在人间有什么不好，但是为了妻子开心，就答应去找西王母讨要长生不老药。嫦娥立刻给后羿准备了行装，催促他尽快上路。

大地西边的昆仑山，终日**烈火炎炎**，**人迹罕至**，十分危险。后羿历尽**千辛万苦**，终于看到了在昆仑山顶晒太阳的西王母。于是，他羞涩地把来这里的原因说了出来。西王母很同情后羿，就拿出两包药交给后羿说："这两包药你放好，你和妻子每人服用一包，就可以长生不老。不要多吃，也不要少吃。吃多了，将遭众神耻笑；吃少了，也起不到作用。我从不将此药赠给凡人，只此一次，**下不为例**，以后我不会再给你药了。"后羿谢过西王母，高兴地走下了昆仑山。

嫦娥在家里日日盼夜夜盼，终于盼回了后羿。后羿见到妻子，立刻掏出西王母送给他的长生不老药，把昆仑山之行的大概情况叙述了一下，就去休息了。这几天的跋涉，把后羿累坏了。嫦娥一个人坐在桌子前，盯着两包药看了又看，心情十分激动，忍不住打开一包，吃了下去。

吃完了，她又想："这包药真的能让人长生不老吗？一包的分量是不是不够啊？"

名师指津
表现了嫦娥的确十分向往长生不老，以至于变得有些贪婪。

终于，她禁不住诱惑，打开了属于后羿的那包药，也吃了下去。这时，嫦娥恍惚听到了西王母的声音："后羿历尽千辛万苦才得来的药，却被你一个人吃掉了，你将会受到众神的耻笑！"嫦娥一想，的确如此，自己太贪心了。可是，此时后悔已经晚了。她的身子越来越轻，越来越轻，双脚也慢慢地离开了地面。她有心叫醒丈夫，张了张嘴，却说不出一个字。她只好闭上眼睛，任身子飘向天空。

后羿一觉醒来，发现妻子不见了。他仿佛预感到了什么，立刻向屋外跑去。只见妻子一点点升到空中，飞到星辰中去了。他着急地大声呼喊妻子的名字，却听不到嫦娥的回答，只能看到嫦娥那缕细细的飘带在云雾中飘来飘去。

名师指津
表达了后羿此时的无助，他的妻子再也回不来了。

嫦娥一路上升，一路哭泣，她知道自己再也不能回到丈夫身旁了，但她不知道偌大的天庭可以去哪里，正如西王母所说："你将会受到众神的耻笑！"她想来想去，想到了广寒宫。

广寒宫也叫月宫，虽然也是天宫，却寂寞

萧索，神仙们都不愿意去。嫦娥到了广寒宫，发现那里除了一只玉兔、一只蟾蜍和一棵桂树，只有空荡荡的宫殿。她轻轻地在宫殿里行走，几乎可以听到树叶落地的声音。

嫦娥想起与后羿一起度过的日日夜夜，不觉叹了一口气。从今往后，她只能一个人留在这个清冷的月宫，忍受无边的寂寞了。

品读与赏析

一心想要再当神仙的嫦娥为了满足自己的心愿，让丈夫后羿去讨了仙药。可贪婪的她没有给后羿留，而是自己一下吃了两包。这下可好，她飞上天空，与后羿就此分离了。

本文多处运用心理描写、环境描写，写出了嫦娥的急功近利，表现出她想重新当仙女的迫切。最后，虽然她实现了愿望，却物是人非，只能独自忍受寂寞了。

读书笔记

耍龙的传说

名师导读

人非圣贤，孰能无过？就连神通广大的玉皇大帝也能写错雨簿，造成人间风不调雨不顺的灾难。青龙为了解决人们的苦难，改写了玉帝的雨簿，却遭到玉帝的打压，被玉帝杀掉了。青龙日日在玉帝殿外喊冤，玉帝心中有愧，就让人纪念青龙。让我们来仔细地理一理这件事情的来龙去脉吧。

每年元宵节，人们都要**敲锣打鼓**地耍龙、舞狮庆祝，这个民间传统习俗是有来历的。

相传上古的时候，世上风调雨顺，**五谷丰登**。老百姓**丰衣足食**，**安居乐业**。

有一年，灾难突然降临人间，很多城内，洪水泛滥，淹没了不少民房，溺死了许多百姓；在城外呢，却发生了从来没有过的干旱，田地开裂，树木枯死，弄得人们快要活不下去了。

在一座大山里居住着一条青龙，它心地非常善良。青龙看到人间这样的惨景，很同情受苦受难的人们，于是它决定去上界打听个究竟。

名师指津

为了人们的幸福，青龙决定去调查这件本来与它无关的事情，它是多么无私呀！

65

一天，狂风呼呼，大雨哗哗，青龙腾云驾雾来到上界。它**摇身一变**，变作个神仙模样，假装有事要找玉帝，便顺利地通过了南天门。

青龙四处查访，终于弄清了民间发生水灾和旱灾的原因：原来是有一天玉帝喝得酩酊大醉，把雨簿写错了。本来应该是"城内下三分雨，城外降五分雨"。玉帝却弄成了"城内降五分雨，城外降三分雨"。这样，就弄得城内**洪水滔滔**，城外**田地龟裂**了。

青龙得知这个原因，便偷偷地溜到天宫里，改写了雨簿，改成"城内降雨三分，城外降雨五分"。这样，大地才慢慢地风调雨顺了。

玉帝酒醒后，也察觉自己写错了雨簿，但是他发现自己的雨簿被改动了，不由得心中大怒。于是他便命令天兵天将到处追查，同时又派千里眼与顺风耳下凡间去查访。后来查出是青龙做的，玉帝就指派他身边的丞相下凡来惩治青龙。

丞相奉玉帝之命来到凡间，先来到皇宫。皇帝知道他是天上玉帝派来的使者，不敢怠慢，摆出**山珍海味**款待丞相。饭后，皇帝和丞相在花园里下棋。不一会儿，只见丞相低着头，打起鼾来。皇帝不敢惊动他，只好站在一旁伺候。又过了一会儿，丞相脸上豆大的汗珠一颗一颗地往下滴。

皇帝有些奇怪：正月间天气还有些寒凉，怎么丞相坐着竟也**汗流满面**呢？于是叫宫娥拿出扇子来给丞相扇凉。扇了一会儿，丞相长长地舒了一口气，醒过来了，感激地说："谢谢你帮了我的大忙。"

"谢谢我？我帮了你什么大忙？"皇帝感到莫名其妙。

"嗯，你帮助我杀了青龙。"

"什么？我帮助你杀了青龙？"皇帝更是吃了一惊。

"是的。"丞相这时才给皇帝揭开了谜底。

原来，丞相虚留了一个形体在花园里坐着，实体却与青龙交战去了。丞相武艺虽然高强，但青龙也是修炼过的。双方正斗得紧张激烈、**胜负难分**的时候，皇帝的宫娥扇了一阵风。就是这阵风，给丞相助了威。顿时，丞相精神大振，力气倍增，青龙抵挡不过，当即被丞相斩杀。

青龙被丞相斩杀以后，变作一只神鸟，日

名师指津

解释了宫娥扇风意外帮了丞相的原委。

夜在玉帝殿外啼叫，向玉帝喊冤。玉帝天天听着，心中感到非常惭愧，明明是自己写错了雨簿却杀了青龙，觉得过意不去，便下诏到人间要皇帝向老百姓传令，世代纪念为民造福的青龙。

于是，老百姓就用竹篾扎成青龙，用纸或绸子糊上，照着青龙的模样，用颜料描画，把纸龙绘得**活灵活现**，十分**威武雄壮**。到了每年的正月十五（青龙被杀的日子），家家户户**张灯结彩**，敲锣打鼓，扛着青龙游街串巷，以表示对青龙的感激和怀念。

品读与赏析

　　玉帝写错雨簿造成了人间的灾难，青龙不顾自身安危改写了雨簿，也给自己带来了灾难。玉帝派丞相杀死了青龙，青龙日夜在玉帝殿外哀鸣。最后玉帝自觉惭愧传诏让皇帝命令万民纪念青龙。本文多处运用环境描写、语言描写等，写出了青龙为人间所做的贡献，展现了中华民族伟大而无私的精神。

📖 读书笔记

年的故事

名师导读

我们现在过年都非常开心，但其实在古代，"年"是一种怪兽，每到过年的时候，人们都心惊胆战……

相传，很久以前，有一个叫"年"的怪兽。这个怪兽十分可怕，身子有小山那样高，嘴巴有大象那样大，长得有点像龙，又有点像麒麟。天黑以后，如果没有月亮，它就会跑出来吃人。

人们被这个怪兽吓坏了，每天都东躲西藏，没有心思耕种，很多田地都荒芜了。天上的玉帝知道了这个情况，心想："百姓不种地，天下不就大乱了吗！"于是，他派神农老祖来人间降服"年"。

神农老祖可是"年"的克星，他抓住这个怪兽，一顿鞭打，然后把怪兽关进了监牢。这下，它便不能在人间为非作歹了。

过了一段时间，玉帝觉得"年"受到了应

名师指津

从外貌可以看出来这个怪兽长得十分狰狞。

名师指津

因为玉帝的错误判断，神农老祖的心血功亏一篑。"年"又有机会祸害人间。

69

有的惩罚，**改邪归正**了，就给"年"一个机会，月亮每圆过十二次，就有一个晚上的自由时间，这一晚就是"年三十夜"。

可是，"年"被关了三百六十四天，只有这一晚的自由。于是，它来到人间，**变本加厉**地危害人间。有时候，它一次就能吃光整个村子的人和牲畜。因此，每到年三十夜，家家户户都彻夜不眠，点上蜡烛，说一些吉祥话相互安慰。

有一年，一个须发皆白的八十岁老人提议说："与其每个年三十夜都提心吊胆，害怕被'年'吃掉，还不如团结一心，与它斗一斗，也许还有战胜它的机会。"众人一听，都觉得老人说得有理。

于是，那一年的年三十夜，人们聚集在一起，将收集起来的青竹点燃，青竹燃烧时，发出巨大的爆裂声。"年"来到人间，看到冲天的火光和奇怪的巨响，吓得灰溜溜地逃跑了。那一年，人和牲畜都**毫发无损**。

第二天一早，人们就高兴地相互问候，以庆贺彼此

名师指津

此处的语言描写表达了人们对怪兽的愤恨，大家想要用智慧和勇气打败它。

名师指津

描述了大家高兴、幸福、和谐的气氛，打败了"年"，大家真开心。

没有被"年"吃掉。

这就是"年"的来历。随着历史的发展，到了汉代，过年已经成为一种传统习俗。

至于"春节"的说法，据说是由原始社会的"腊祭"演变而来的。古时候，农事完毕后，人们为感谢神的恩赐，感谢祖先的庇护，都要举行隆重的祭祀活动。

品读与赏析

　　因为玉帝的错误判断，原本被监禁的"年"又出来危害人间。但聪明勇敢的人们是不会任由它欺负的，人们凭借勇敢和智慧，终于赶走了"年"。

　　本文多处运用环境描写、语言描写等，写出了"年"肆虐人间的场景，同时也告诉我们，面对困难不能退却，一定要凭借智慧想出解决办法。

读书笔记

吕洞宾和老柳树的故事

名师导读

　　吕洞宾闲游杭州，遇到一棵想要修炼成仙的老柳树，于是便提点帮助，想要帮助这棵老柳树成为神仙。让我们一起去细细查看前因后果吧。

　　阳春三月，吕洞宾来到江南的"人间天堂"杭州城。

　　春风拂面，**柳绿草荣**，吕洞宾兴致高昂地准备到西湖一游。走到城南城墙下时，一棵老柳树的新枝不停地从吕洞宾脸上拂过，还捎带拽掉了他几根胡须，吕洞宾一痛一惊，掐指一算，哈哈大笑起来。他拍拍那棵柳树的树干说道："凡人不知你知，凡人不老你老。凡人自在你烦恼，还想成仙乐逍遥！"说完便**扬长而去**。

名师指津

　　描述出春光明媚的样子。

名师指津

　　语言描写，揭示吕洞宾知道了老柳树未成仙的原因。

　　已近午时，吕洞宾信步走到西湖边的小茶摊歇脚。

　　"咦？真奇怪，快看那老头儿的头发。"

几个游人的议论声吸引了吕洞宾。茶摊不远处有个剃头摊，一个小伙计汗流满面地给一个白发老头儿剃头。小伙计第二刀还没剃完，第一刀剃过的头皮处又长出了新发。小伙计急得左一刀右一刀，剃来剃去老头还是满头白发。

吕洞宾暗笑："不潜心修炼，跟小孩子逗乐！"他踱过去对小伙计说："手艺不到家，看师傅露一手。"说完从怀中摸出一把剃头刀，"唰唰"几下，老头儿便成了一个大光头。"看你还长不长了？"吕洞宾大笑道。

"三千烦恼丝已尽，不就可以乐逍遥了吗？"老头儿说道。

吕洞宾一愣，随即笑了起来："既然烦恼已尽，理应**逍遥自在**。走吧！"

吕洞宾快步走到城南，城墙根下的枯柳树像秋风过后的老树，光秃秃的，一片叶子也没有了。吕洞宾拍拍柳树干，说道："何时修得一年四季**枝繁叶茂**，我何时来度你成仙。"说完大笑而去。

品读与赏析

老柳树幻化成老头儿想借助吕洞宾来修炼成仙，但是吕洞宾看出来他修炼时间未到，就好心提点，助它成仙。

本文多处运用语言描写、环境描写等，读起来十分生动有趣。

读书笔记

望帝化鹃

名师导读

　　爱民如子的望帝遇到了大麻烦——水患。刚巧，出现了一个能够治理水患的能人，他会为百姓带来幸福的生活吗？

　　在蜀这个地方，有一个叫杜宇的男子，他是从天上落到朱提山上的；这个地方还有一个叫利的女子，她是杜宇的妻子，是从江源的地井中出来的。杜宇成年后自立为蜀王，潜心治理蜀这个地方，人们称他为望帝。

名师指津

　　体现了望帝出色的治理能力。

　　望帝**宅心仁厚**，是一位**年轻有为**的明君。蜀在他的治理下日益强盛，当地的百姓对他十分尊敬。然而，他一直对一件事**牵肠挂肚**，那就是水患。

　　多年来，望帝在治水上面花了不少的心思，然而收获甚微，他为此特别苦恼。

　　一天，望帝去江边查看水情。忽然，他和随从发现江中有一个人随着水波上下浮动，越

漂越远。他赶紧命人把这个人救上来。被救的人坐在草地上，告诉众人，他叫鳖灵，是楚国人，善治水。随从把事情报告给望帝，望帝就走过去和他攀谈，发现这个人有思想、善言谈，更让望帝开心的是，这个人竟然是真正的治水专家。

望帝不是正为治水发愁吗？这个人的到来好比是雪中送炭。

望帝想：这肯定是上天看我蜀国水患连年，可怜我蜀国的百姓，才给我送来这么一个助手。

名师指津
此处的问句加强语气，这个人正是望帝需要的人才。

于是，望帝立即将这个人封为宰相。

不久，当地又发了水灾，望帝派鳖灵前去治理，鳖灵**不负众望**，扩宽了巫峡，使长江得以顺流而下，平息了水患，保住了蜀国百姓的生命财产安全，全国百姓因而称他为蜀国的英雄。望帝已经封鳖灵为宰相，无法再给予他更高的赏赐了，就主动退位，把蜀国交给鳖灵掌管。

名师指津

　　体现了望帝视百姓高于一切，为了能让百姓过上更好的生活，他愿意放弃权势，可这也为他埋下了后患。

鳖灵在成为国君之前，一直**谨小慎微**。可是，他成为国君后，立刻露出了他凶狠、残忍的本性。望帝此时已失去权势，虽心里十分悔恨，却没有任何办法，不久就抑郁而死。

死后，望帝化为一只杜鹃，日夜哼唱哀伤的曲子。

望帝生前爱护百姓，死后虽然化作杜鹃，也没有忘了自己的人民，每到清明和谷雨这样的春耕大忙季节，便飞到田间地头，提醒百姓赶快耕种，不要错过农时。

百姓为了感激他，根据杜鹃啼叫的声音，给他起了个别名，叫"布谷"。

品读与赏析

鳖灵在当宰相时还知道为民着想，可一登顶皇位就露出凶狠的本性，这与一心为民的望帝形成了强烈的反差。

本文多处运用心理描写的写作手法，表现望帝的爱民如子。

读书笔记

麻姑献寿

名师导读

相传，麻姑曾三次见沧海变良田。她能掷米成珠，用灵芝酿酒向王母祝寿……

传说中，麻姑是我国古代南北朝时期的人物。那时，由于连年征战，百姓的日子都过得很苦，常常是吃了上顿没了下顿。麻姑一家仅靠父亲麻秋在集镇上给人养马维持生计，过得很艰难。麻姑的母亲在战乱中被掳走了，因此父亲的脾气变得很坏。麻姑从小**聪慧过人**，跟邻居学了一手好针线活，给有钱人家缝缝补补赚钱，补贴家用。

名师指津

描述了当时民不聊生，百姓苦不堪言的社会背景。

一天，麻姑干活的那家人给了她一个桃子，那时，桃子是很珍贵的水果，她舍不得自己吃，就想把桃子带回家。

名师指津

写出大家难于自保，无暇顾及他人的社会实情。

在路上，她看到一个穿黄衣服的老婆婆饿得倒在了地上，看热闹的人围了**里三层外三层**，却没有一个人拿出东西给老婆婆吃。在那个**兵荒马乱**的年代，能把自己的肚子填饱了就不错了，哪有多余的粮食给别人呢！

麻姑毫不犹豫地拿出了桃子喂给老婆婆吃，救活了老婆婆。老婆婆一边道谢，一边说要喝点粥。于是，善良的麻姑让老婆婆等一会儿，她自己匆匆回家煮粥。

不久，父亲回来了，他听麻姑说了刚刚发生的事，把麻姑训斥了一顿，把她关进了后屋，不让她去送粥。到了半夜，麻姑听见父亲睡熟了，飞快地从锅里盛了一碗粥，给老婆婆送去。

麻姑来到街上，发现白天热闹的大街安静极了，一个人影都没有。明亮的月光下，在老婆婆白天坐过的地方只有一颗桃核。这时，麻秋醒来发现女儿不见了，着急地追了过来，把麻姑带回了家。

晚上，麻姑梦到老婆婆来向她道谢，对她说："那桃子真是个好东西，足够我**延年益寿**的了。"说完，老婆婆就消失了。

早上起来，麻姑想起老婆婆说的话，把这颗桃核种了下去。这棵桃树可真**不同凡响**，一年后就长成了一棵大树。

又过了几个月，家家户户忙着过年，这棵桃树居然开出了朵朵桃花，让人**惊奇不已**。更令人**不可思议**的是，到了三月，这棵桃树竟然结出了又红又大的桃子。三月正是**青黄不接**的季节，好心的麻姑就把采摘下来的桃子送给贫穷的老人。老人们吃了麻姑送的桃子，不仅可以几天不饿，还可以治好一些小毛病。

所以，人们就称好心的麻姑是"仙姑"，称她送桃子是"麻姑献寿"。

品读与赏析

在民不聊生的年月，家家都想着自己的日子，管不了别人的死活。但麻姑心系民生，希望凭借自己微薄的力量拯救需要帮助的人，而她的善良最终也感动了大家。

本文多处运用环境描写、动作描写，为我们讲述了善良的麻姑帮助他人的故事。

读书笔记

黄鹤楼的传说

名师导读

　　黄鹤楼是我国四大名楼之一。千百年来，有无数文人墨客在黄鹤楼登览胜境，凭栏抒怀，咏之于诗，形之于画，黄鹤楼成为艺术创作中被反复抒发、久颂不衰的一个主题。

　　武昌靠近长江的地方有一座蛇山，山上有一栋尖顶飞檐、金碧辉煌的黄鹤楼。要问这黄鹤楼的来历，那还得从吕洞宾跨鹤飞天说起！

　　相传，吕洞宾在游玩了四川的峨眉山后，一时**心血来潮**，打算去东海**寻仙访友**。他身背宝剑，沿着长江顺流而下。这一天，他来到了武昌城。这里的秀丽景色把他迷住了，他兴冲冲地登上了蛇山，站在山顶上举目一望——嗬！只见对岸的那座山好像是一只俯着的大龟，正伸着头吸吮江水。自己脚下的这座山，却像一条长蛇昂首注视着大龟的动静。吕洞宾心想：要是在这蛇头上再修一座高楼，站在上

名师指津

　　写出龟、蛇二山的美丽景色，引出吕洞宾想修楼的想法。

面观看四周远近的美景不是更妙吗！可是这山又高，坡又陡，谁能够在这上面修楼呢？有了，还是请几位仙友来商量商量吧。

他把宝剑往天空画了一个圈，何仙姑就驾着一朵彩云来了，他连忙把自己的想法向她说了，何仙姑一听就笑了："你让我用针描个龙绣个凤还差不多，要说修楼，你还是请别人吧！"吕洞宾又请来了铁拐李，铁拐李一听哈哈大

名师指津
　吕洞宾所托非人，心下犯难了。

85

笑："你要是头晕，我这里有**灵丹妙药**，要修楼，**你另请高明**吧！"吕洞宾又请来了张果老，张果老摇着头说："我只会倒骑着毛驴看唱本。"说罢，也走了。吕洞宾想，这下完了，连八仙都不行，哪里还有**能工巧匠**呢？正在这时，忽然听到从空中传来一阵奇怪的鸟叫声，他连忙抬头一看，只见鲁班师傅正骑着一只木鸢朝着他呵呵地笑呢！吕洞宾急忙迎上去，把自己的想法又说了一遍。鲁班师傅走下木鸢，看了看山的高度，又打量了一下地势，随手从山坡上捡来几根树枝，在地下架了拆，拆了架，想了一会儿说："咱们明天早上再商议吧！"

第二天早上，鸡刚叫头遍，吕洞宾就急急忙忙地爬上了蛇山，只见一座飞檐雕栋的高楼已经立在山顶上了。他大声呼喊着鲁班的名字，登上了最高一层，可是连鲁班的影子都没有看见，只看见了鲁班留下的一只木鹤。这木鹤身上披着黄色的羽毛，一对又大又黑的眼睛正望着他。吕洞宾非常高兴，一会儿摸摸楼上的栏杆，一会儿看看楼下的

江水，又取出一支洞箫对着**波浪滚滚**的江水吹起了曲子。他一边吹箫，一边看看木鹤，这木鹤竟然随着音乐**翩翩起舞**呢！他骑到了木鹤身上，木鹤立时腾空，冲出了楼宇，绕着这座高楼飞了三圈，随着一声鹤唳，钻进白云里去了。后来，人们就给这座楼起了个名字，叫作黄鹤楼。

品读与赏析

从古至今，有许多名人在黄鹤楼留下了优秀的篇章。本文就为我们讲述了一个黄鹤楼由来的传说。故事中吕洞宾因喜龟、蛇二山的美景，决定在此处建一座楼。于是，就请八仙前来帮助，结果皆所托非人，无从下手。正在踌躇之际，鲁班出手帮他解决了这个难题。这个故事告诉我们：一定要找对的人做对的事，这样才能事半功倍。

读书笔记

百鸟朝凤

名师导读

传说中的凤凰本来只是一只很不起眼的小鸟。它没有美丽的羽毛，也没有动听的歌喉，只会一刻不停地收集果实和筑巢。其他鸟儿都嘲笑它不懂得玩耍。是什么事情让鸟儿们改变了对凤凰的态度，又是什么使凤凰变成了世界上最美丽的鸟呢？

很久很久以前，凤凰只是一只很不起眼的小鸟，羽毛也很普通，丝毫不像传说中的那般**光彩夺目**。但是它有一个优点：它很勤劳，从早到晚都忙个不停，甚至将别的鸟扔掉的果实都一颗一颗地捡起来，收藏在洞里。

这有什么意思呀？这不是财迷精吗？呀！可别小看贮藏的这些食物，关键时刻，它可就发挥大用处了！

名师指津

自问自答，加重语气，激发读者阅读兴趣。

果然，有一年，森林大旱。鸟儿们都觅不到食物，都饿得**头晕眼花**，快支撑不下去了。这时，凤凰急忙打开山洞，把自己多年积存下来的干果和草籽拿出来分给大家，和大家**共渡难关**。

在旱灾过后，为了感谢凤凰的救命之恩，鸟儿们都从自己身上选了一根最漂亮的羽毛拔下来，制成了一件**光彩耀眼**的百鸟衣献给凤凰，并一致推举它为鸟王。

以后，每逢凤凰生日之时，四面八方的鸟儿都会飞来向凤凰表示祝贺，这就是百鸟朝凤的由来。

品读与赏析

凤凰本是一只很不起眼的小鸟，却能够得到所有鸟对它的崇敬，并最终成为百鸟之王。这个故事告诉我们，只有那些未雨绸缪，且乐于帮助别人的人才会受到别人的爱戴。

 读书笔记

愚公移山

> 愚公的家被大山挡住了，他不畏艰难困阻，带着家人开山凿土，决心将大山移走。

从前，有一个九十多岁的老人，名字叫愚公。他家门前有太行山和王屋山两座大山，这两座山有七八千丈高，七百里宽，把村子挡得**严严实实**，大家进进出出都要绕很远的路。

一天，愚公把全家人召集在一起，提议说："这两座大山阻挡我们出行，我们一起努力把它们移走，你们觉得怎么样？"大家都深受这两座大山之害，十分赞同愚公的话。

但是，愚公的妻子提出了异议，她说："像你这样的年纪，即使像魁父那样的小山，也未必能轻易搬动，何况是太行、王屋这样的大山？魁父与它们相比，不过是**小巫见大巫**。何况，那些石头和泥土又该放在哪里呢？"

大家说："我们可以把石头和泥土堆放在渤海边。"

愚公心意已决，于是，带领他的儿子和孙子，一

行三人来到太行、王屋两座山下，敲碎石头，挖出泥土，用簸箕和竹筐把这些东西装走，运到渤海边。

名师指津

三个人说干就干，开始了移山的征程。

愚公的邻居家里有个八九岁的孩子，也跑出来帮助愚公一起运土。

在黄河边上，住着一个精明的老人，别人都叫他智叟。

智叟听说愚公想要搬走太行、王屋两座大山，就竭力阻止他说："你这个老糊涂！都这把年纪了，还想去动那两座大山，别说是运石块和泥土，即使是山的毫毛你也损伤不了。"

愚公听到智叟的评论，长叹一声说："你

这样**冥顽不灵**，连妇孺都不如。我当然会死，但我还有儿子，儿子又生孙子，孙子又生儿子，儿子又生孙子，孙子又生儿子……就这样，子子孙孙，一代又一代，是没有穷尽的。而这两座大山却不会增高，怎么会搬不走呢？"几句话说得智叟**哑口无言**。

愚公的决心传到天帝耳中，他被愚公的精神所感动，就命令天神把两座大山搬走了。

从此，愚公一家再也不为进进出出而发愁了。

品读与赏析

　　当高山拦住去路，或许许多人都会选择放弃挑战，但愚公没有，他率领着子孙日夜不辍地开始了移山的征程，以至于感动了天帝，帮他达成所愿。

　　本文多处运用语言描写、环境描写等，突出了愚公移山之难，但也点明只要坚持不懈，一定能够战胜困难。愚公真的愚吗？当然不是。他坚定不移的意志以及信念值得我们每个人学习。

读书笔记

黑龙江的传说

名师导读

我国的黑龙江省以其所在的河流而得名。黑龙江之称最早见于《辽史》，因江水色黑其形若龙，故名黑龙江。关于黑龙江的传说，也有很多。一起来看看吧！

很久很久以前，在山东有一个叫小坞沟的村庄，村子里住着李老好夫妻俩。

李老好的妻子怀孕了，李老好十分高兴。谁知，过了十二个月，孩子却一直没有出生。到了满二十四个月这天，风大雨急，**电闪雷鸣**，妻子疼得直打滚，李老好干着急却也没办法。忽然，只见妻子肋下慢慢裂开一道缝儿，从里面钻出一条小黑龙来。妻子一看，竟被吓死了。

李老好本来盼着妻子生个大胖小子，没想到生了个怪物，还把妻子害死了。他又气又难受，顺手摸了一把镰刀，狠狠地向小黑龙砍去。小黑龙头一偏，尾巴被削去了。它蹿出屋门，

名师指津

小黑龙没有因为父亲把自己的尾巴砍掉而怨恨，反而拜了三拜，表明小黑龙是个知恩图报的人。

飞在空中，朝着小屋点了三点，等于是向爹娘拜了三拜，就向着东北方向飞去了。

小黑龙在天上飞行了几千里，就来到了白龙江。它看这江两岸高山耸立，**树木葱茏**，是个安身的好去处。于是，它就一头扎进了水里。

这白龙江原本由一条白龙镇守。白龙见一条秃尾巴的黑龙进来，心里大怒，蹿过去就打。小黑龙年幼力小，交手不多时，就**气喘吁吁**，力不能支。于是，它虚晃一爪，跃出水面，落

荒而走。

小黑龙变成一个黑衣少年，逃进了深山。他看见一个老人昏倒在地上，就急忙把老人救醒。老人醒来后诉说了自己的身世：他是山东人，到这深山来挖人参。今天挖了一株非常值钱的大人参，不想在回家的路上被人打晕，被劫去了人参。

小黑龙说："老伯，我也是山东人，家在滕县的小坞沟村。"接着，它叙述了自己的身世。老人一听是老乡，更觉得亲切了，问："我能够帮你什么忙呢？"

小黑龙想了想说："您只需这么……就行了！"

"这很容易！"

他们准备停当，小黑龙又跳进江中去找白龙。它们跳上跳下，<u>忽东忽西</u>，搅得泥沙泛起，江水沸腾。二龙相斗，真是一场恶战。

名师指津

描写小黑龙与小白龙第二次交战的场景。

站在江岸上的老人，两眼盯着江面，见"呼啦"翻起了白浪，是白龙升起，急忙就将石灰撒下，迷了白龙的眼睛。接着，又见黑浪掀起，他赶忙将馍馍扔过去，小黑龙往上一蹿，张口吃下老人丢下的馍馍，顿时有了力气。

如此大战了三天三夜，小黑龙因为有吃的，

力气有增无减，**越战越勇**。而白龙多次被石灰眯眼，肚子又饿，就渐渐**招架不住**了。最后，白龙蹿出江面，逃命去了。

小黑龙掌管了白龙江，从此，人们就把白龙江改叫黑龙江，称长大了的小黑龙为"秃尾巴老李"。

品读与赏析

这是一个关于黑龙江因何得名的故事。小黑龙通过自己的努力和别人的帮助，终于战胜了白龙，掌管了黑龙江，并成为造福一方的龙王。

文章语言生动、画面感十足。很多地方让人看后忍俊不禁，这也反映了东北人民风趣幽默的特质。

读书笔记

巫山神女

> 瑶姬是王母娘娘的女儿，她不仅长得非常漂亮，而且心地也非常善良，王母娘娘简直视她为掌上明珠……

瑶姬是天庭王母娘娘的女儿，她**生性活泼**，时不时就会摆脱王母娘娘的管束，偷偷跑出去玩儿。

有一天，瑶姬准备偷偷下界的时候被王母娘娘发现了，王母娘娘生气地说："不管你在天上怎么玩都可以，但是你怎么能去下界呢？那会弄脏你的眼睛。"

瑶姬听了，指着一只在空中翱翔的白鹤说："这只鹤多白啊，怎么会弄脏我的眼睛呢？我也要像鹤一样四处飞翔，看看下界究竟是什么样子。"

王母娘娘见女儿这么任性，就耐心地对她说："下界的生活是很苦的，你是我的女儿，

名师指津

此处的语言描写表达了瑶姬想要去下界的迫切心情。

怎么能到下界去呢？"瑶姬还是坐在那里继续向下看，并坚持要到下界去看看。王母娘娘没办法，只好让她去东海龙宫转转。

到了东海龙宫，龙王见到瑶姬就提起了她和自己儿子的婚事。瑶姬听了很生气，就离开龙宫，来到了人间。

在人间，瑶姬遇见了许多**扶老携幼**、举家逃难的人，她正想问问到底发生了什么事，突然天空中出现了十二条龙，它们**兴风作浪**，霎时间电闪雷鸣。瑶姬劝它们不要残害百姓，但是它们根本就不听。无奈之下，瑶姬便用头上的发簪将十二条龙都杀了，并且她还留在一座山上继续帮助人类。

王母娘娘听说瑶姬所做的这些事情后很生气，但一想到她一个人在人间受苦就心疼起来，于是就叫其他二十二个女儿将瑶姬找回来。

姐姐们找到瑶姬，对她说："小妹，快和我们回去吧，母亲为了你整日茶不思、饭不想的。"

"姐姐们，人们都在受苦，这让我怎么忍心回去呢？"瑶姬指着远处说。

仙女们顺着瑶姬手指的方向看去，只见山

上正有一只老虎在追一个人。大姐翠屏见了忙抓起一把沙子撒过去，沙子立即变成许多支箭将老虎射死了。这时，仙女们又看见远处的田地都枯黄了。天气这样干旱，可让老百姓怎么活下去啊，想着想着，二十三位仙女都哭了起来。她们的眼泪都变成了雨，那片干旱的田地又变成了绿油油的良田。

　　仙女们见人类生活得这么苦，都很难过，于是她们就决定十一位回到天上去照顾母亲，十一位留在人间和瑶姬一起帮助受苦受难的百姓。

　　也不知道经过了多长时间，留在人间的十二位仙女慢慢地变成了现在神奇而美丽的巫山十二峰，其中，那座**直入云霄**和长江紧紧相靠的，就是瑶姬变的神女峰。

品读与赏析

善良的瑶姬不顾母亲的劝阻下凡来到人间，本以为这是一场有趣的旅行，却目睹人间疾苦，于是她自愿留下来帮助困苦的百姓。

本文多处运用语言描写、环境描写等，写出了神女们的真诚与善良。

读书笔记

_____

_____

_____

_____

_____

_____

_____

_____

_____

_____

_____

菊花仙子

名师导读

据说在很久很久以前，在一条非常宽阔的运河边上，有一个叫作阿牛的少年，为了给母亲治疗眼疾，他寻找到一株白菊花……

阿牛七岁的时候，父亲去世了，**养家糊口**的重担就落在了阿牛母亲的身上。母亲靠纺织艰难地维持着生活。

丈夫死了，孩子还小不懂事，生活的艰难让阿牛的母亲经常默默地流泪。

时间过得很快，转眼间，阿牛就已经十三岁了。有一天，他对母亲说："妈妈，你的眼睛不大好，从今天开始就不用**不分昼夜**地纺纱织布了。我已经长大成人了，今后的生活就让我扛起来吧！"于是他就去了张财主家做小长工。

两年后，母亲的眼病越来越严重，不久竟

名师指津

阿牛是个孝顺的孩子，十分心疼母亲日夜操劳，决定为母亲分忧。

双目失明了。阿牛想,母亲的眼睛是为我而瞎的,无论如何我也要把她的眼睛医好。于是,他一边给财主做工,一边**起早摸黑**开荒种菜,靠卖菜换些钱给母亲求医买药。

但母亲的眼病一直不见好转。

名师指津

病不见好转怎么办呢?下面的故事告诉我们阿牛的遭遇。

一天夜里,阿牛做了一个梦。他梦见一个漂亮的姑娘来帮他种菜,并告诉他说:"沿运河往西数十里,有个天花荡。荡中有一株白色的菊花,能治疗各种眼病。可是,这株白菊花要到九月初九重阳节那天才会开放。到时候,你用这花煎汤给你母亲喝,定能治好她的眼病。"

重阳节那天,阿牛带了干粮,去天花荡寻找白菊花。天花荡是一个长满野草的荒荡,大家都叫它"天荒荡"。

阿牛在那里找了很久很久,发现只有黄菊花,根本没有白菊花。一直找到下午,在草荡中一个小土堆旁的草丛中,阿牛才找到了一株白色的野菊花。这株白菊花长得很特别:一梗分九枝,眼前只有一朵花在开放,其余的八朵都**含苞待放**。阿牛小心地将这株白菊花连根带土挖了回来,移种在自家屋旁。经他浇水施肥,精心护理,八个花骨朵儿在不久后也陆续绽开,

名师指津

体现了这朵白菊花的与众不同之处。

真是又香又好看。

于是，他每天采下一朵白菊花煎汤给母亲服用。当吃完了第七朵菊花之后，母亲的眼睛便开始复明了。

白菊花能治眼病的消息很快传遍全村，村里人纷纷前来观看这株不寻常的野菊花。这一消息也传到了张财主的耳朵里。张财主将阿牛叫去，命他立即将那株白菊花移栽到张家花园里。

阿牛当然不肯。张财主便派了几个打手赶到阿牛家强抢了那株白菊花。由于双方的争夺，白菊花被折断了。白菊花被毁后，打手们扬长而去。阿牛见这株能为母亲治好眼疾的白菊花被毁掉了，十分伤心，他默默地坐在折断的白菊花旁不肯离开。

半夜，他觉得眼前**猛然一亮**，梦中出现过的那位漂亮姑娘又来到他的身边。姑娘劝他说："阿牛，你的孝心已经得到了好报，不要伤心，回去睡吧！"

阿牛说："这株白菊花曾救过我的亲人，现在它被折断了，我怎么能安心回去啊？"

姑娘说："这菊花的茎虽然断了，但根还在，

名师指津

得知白菊花的神奇功效，张财主就动了歪心思要占为己有，此处写出了这个财主为富不仁、蛮不讲理的嘴脸。

它没有死。你只要将根挖出来，移植到另一个地方，就会再长出白菊花的。"

阿牛问道："姑娘，你是何人？请告诉我，我要好好谢谢你。"

姑娘说："我是天上的菊花仙子，特来助你，无须报答，你只要按照这首《种菊谣》去做，白菊花定会再发新芽。"

接着菊花仙子念道："三分四平头，五月水淋头，六月甩料头，七八捂墩头，九月滚绣球。"念完就不见了。

阿牛起身回到屋里，坐在灯下苦思冥想菊花仙子教他的《种菊谣》。终于，阿牛灵光一闪，悟出了其中的含义：种白菊要在三月移植，四月掐头，五月多浇水，六月勤施肥，七月八月护好根，这样九月就能开出绣球状的菊花。

阿牛按照菊花仙子的指点去做了，后来菊花的老根上果然长出了不少新的枝条。他又剪下这些枝条去扦插，再按《种菊谣》的说法去栽培，第二年九月初九重阳节那天果然又开出了一朵朵**芬芳四溢**的白菊花。

后来，为了帮助村里的百姓脱离贫困，阿牛就把菊花仙子传授的种植菊花的方法毫无保留地教授给了他们。

从此，在这片土地上盛开了一朵朵白菊花。

人们为了纪念阿牛和菊花仙子，就把每年的九月九日定为"菊花节"，并逐渐形成了赏菊花、喝菊花茶和饮菊花酒的风俗习惯。

品读与赏析

困苦的阿牛偶然在梦中得到了仙女的指点，成功寻得了能治疗母亲眼疾的白菊花。谁知可恶的张财主竟然动了歪心思，毁掉了白菊花。幸好最终仙女再次指引阿牛将白菊花种满山野。

本文多处运用语言描写、细节描写等，将阿牛的孝心、仙女的爱心、财主的贪心体现得淋漓尽致。

读书笔记

哪吒的传说

名师导读

大名鼎鼎的哪吒家喻户晓，但他成仙之前的故事你知道吗？

李靖有三个儿子，老大叫作金吒，老二叫作木吒，而三儿子，一出生左脚掌上就有个"哪"字，右脚心上有个"吒"字。于是，父亲就把这个最小的孩子叫作了"哪吒"。

其实，哪吒是天上玉皇大帝驾下的大罗仙转世，他身高六尺有余，长着三头九眼六臂，口中还时不时地吐朵青云，两个脚站在那里就像是踏在磐石上一样稳重。

名师指津

体现了哪吒从样貌上就与众不同。

相传，只要哪吒大喊一声，便**云降雨从，乾坤震动**。由于世间妖魔太多，玉帝便命他下凡除妖，投胎到李靖夫人的腹中。

哪吒出世后第一天便会说话，第二天就能走路，第三天便走出家门闯荡去了。

他只身来到东海戏水玩耍，却遭到东海龙王三太子的挑衅。哪吒一生气，打跑了虾兵蟹将，踢倒了水晶宫，捉住了三太子，要抽他的筋做绳子。

名师指津

一般人哪有这样的脾气，可见哪吒是一个性格暴烈的人。

龙王得知此事，**勃然大怒**，便领了虾兵蟹将前去向李靖问罪，限期让他交出哪吒，否则就踏平他的府第。

李靖见哪吒闯下**弥天大祸**，又气又怕，他担心哪吒再生出什么祸端来，便要杀了哪吒。

名师指津

世间哪有这么绝情的父亲，虎毒不食子，难怪哪吒会与父亲决裂。

哪吒见父亲如此绝情，一气之下，便用刀割下身上的肉还给了母亲，剔下骨头还给了父亲。父精母血还完了，他只剩下了魂灵，便飘飘忽忽地到西方极乐世界向佛祖告状去了。

到了佛祖那里，佛祖知道哪吒已经成了一缕亡魂，就开始念动**起死回生**真言，把一节荷菱代做骨头，以藕作为身上的肉体，以丝做筋，以叶做衣，并且还向哪吒传授了法轮秘籍，亲自给哪吒重新起了一个名字，叫作"木长子"。

从此，哪吒的魂灵不仅仅有了肉身，而且还能够变大和缩小。

名师指津

哪吒因祸得福，这下比原来更厉害了。

随后，佛祖又把自己的一部分法力传授给了哪吒，并再次派遣他下界去除妖降魔。

哪吒收到了佛祖的命令，下界降服了九十六洞妖魔，立下了非常大的功劳。为此，玉帝为了奖赏他，便派他去镇守天门了。

品读与赏析

淘气又暴躁的哪吒一怒之下杀死了东海龙王的儿子，父亲李靖怕惹事，竟然想杀掉哪吒赔罪。哪吒一气之下将肉身还给了父母。

佛祖知道后帮助哪吒重塑了身体，并封他为木长子，派他下界去除妖降魔。因他降伏妖魔有功，天帝便奖赏他镇守天门。

本文多处运用语言描写、环境描写等手法。

读书笔记

_____

_____

_____

_____

_____

_____

大鹏斗孽龙

远古时期，人和龙其实是同父异母的两个兄弟。在分家的时候，天地被划分成了两半，就连房屋、牲畜和森林等都被分成两份，人一份，龙一份……

人和龙约定，人生活在陆地上，龙居住在海里，**世世代代**都要和睦相处，并且互不侵犯。

但是他们的父亲有一个传家宝——夜明珠，只有一颗。父亲跟人和龙相互约定：他去世之后，这颗夜明珠就属于人与龙共同所有，谁也不得**占为己有**。

龙很贪心，父亲一死，他就把夜明珠盗去藏在了海底。接着，龙又一天天地侵占人的地盘。最后，天被龙占据了九十九份，地被龙占据了九十九份。人被龙挤得只剩下一顶帽子那么大的天，只剩下能够容得下一只马蹄踩的地。

人去耕地，龙就派蟒蛇来咬；人去砍柴，龙就派秃鹰来抓；人去背水，龙就派青蛙来扰。

名师指津

写出人和龙的友好约定，同时也为后面的故事埋下伏笔。

名师指津

体现了龙的霸道，他简直不给人留活动空间了。

龙的心变得越来越狠毒，就这样竟闹得接连几年滴雨不下，土地都干旱得开裂了，什么也不能生长。

人们非常气愤，都来商量对付龙的办法。大家都说若要对付龙，只有去天上请来大鹏，否则很难取胜。于是人们经过协商，选派了一名使者，代表大家到天上去，请大鹏下来，战胜恶龙，恢复他们以往和平、安宁的生活。

大鹏慷慨地答应了使者的请求，立刻飞到地上来。人们热烈地欢迎大鹏，并且告诉他："这条孽龙非常狡猾，平时不常露面。但每逢初一或十五那天早晨，孽龙一定会从海底出来，因为它要洗头，并且要在海面上尽情地玩耍。"

初一那天，大鹏早早地伫立在东山的高峰尖上，两眼紧紧地盯住海面。太阳刚刚露出海平面的时候，孽龙便从海里探出头来，狡猾地**东张西望**。它很快就发现了海水里映着大鹏的影子，赶紧把头缩了回去，再不敢出来。

人们气愤地说："孽龙躲得了初一，躲不了十五！"十五那天大清早，人们给大鹏套上一副**铁钩金爪**，以便再度出击。大鹏不敢怠慢。这次，它找了一处比较隐蔽的地方，躲在西边山峰尖的茂密树丛后，窥视着海面。

太阳出来了。海面上**波光粼粼**，孽龙探出头来。它东瞧瞧，西望望，见海面一片平静，没有大鹏的影子，这才放心地浮出海面。

突然，一声霹雳，大鹏**从天而降**，像闪电一般掠过海面，那对铁钩金爪牢牢地抓住了孽龙的头。大鹏的巨爪猛地往上一提，孽龙的一大截龙身便被提出了水面。大鹏扑腾着巨大的翅膀，海水被搅得直响。

名师指津
描述了大鹏突袭孽龙的激烈打斗场面。

孽龙虽害怕得要命，但嘴巴却很硬，它大喊大叫道："大鹏！你快放开爪！我的身躯有三段，你才提起一段，还有两段在海底，你提不起！"大鹏厉声说："你有三段身躯，我有三股力气，才用了一股，还有两股没用呢！"

大鹏的铁钩金爪一用劲，孽龙疼得直叫。大鹏把孽龙提出一段，海水低下去一截；把孽龙拉出来两段，海水低下去两截；当大鹏把孽龙提出三段时，海水全干了。孽龙再不能逞凶了，大鹏把它拖起来，捆绑在一棵神树上。

孽龙装出一副可怜的样子说，它从来没有害过人，是人们犁地犁断了它家蟒蛇的腰，砍柴砍断了它家秃鹰的脖子，背水轧断了它家青

名师指津

孽龙真是太过分了，事已至此还贪得无厌地想要人们的供奉。

蛙的趾爪；它说它愿与人们讲和，只要人们向它祈祷，向它奉献净面、酥油、柏叶、马、牛、羊、鸡就行。

人们听了，**异口同声**地愤怒斥骂："孽龙！你的脸皮实在太厚了！你不让我们犁田播种，哪儿来的净面！你不让我们上山砍柴、放牲口，哪儿来的酥油、柏叶以及马、牛、羊、鸡呢！"

孽龙还想做最后的挣扎，但是浑身被大鹏捆绑得**动弹不得**。大鹏使劲按住了它，大声喝道："孽龙！你听仔细了！从今天开始，你只能够在远离人世间的黑山岩一带活动，不许你再出来为非作歹，要是你不听管教，再出来害人，小心雷劈你、火烧你！"孽龙真的学乖了，再也不敢出来为非作歹了。

从那以后，人世间年年风调雨顺，而且家家户户丰衣足食。人们又重新过上了幸福快乐的生活。

名师指津

知恩图报是我们该做的，忘恩负义绝对是不可取的。

人们都说，多亏了大鹏的帮助，才有了如今的幸福生活。于是人们为了感谢他，就把这颗传家的夜明珠送给了大鹏。

品读与赏析

贪婪的龙占据了人的空间，致使民不聊生，食不果腹。多亏大鹏相助，它英勇地制伏了孽龙，成为百姓心目中的大英雄。

本文多处运用语言描写、场景描写等，为我们讲述了一个贪婪的孽龙不断肆扰人间，最终被大鹏制伏的故事。这个故事告诉我们，做任何事都应该守规矩，不属于自己的不要争，欺负人的事情不要做。

读书笔记

精卫填海

名师导读

　　女娃被大海淹死后，化身精卫发誓要将大海填平。是她自不量力，还是她志向高远呢？让我们一起到故事中找答案吧。

　　炎帝有一个女儿，叫女娃。女娃十分乖巧，黄帝见了她，也忍不住夸奖她，炎帝视女娃为**掌上明珠**。

　　炎帝不在家时，女娃便独自玩耍，她非常想让父亲带她出去，到东海——太阳升起的地方去看一看。可是父亲一直忙于公事。这一天，女娃没告诉父亲，便一个人驾着一只小船向东海太阳升起的地方划去。不幸的是，海上突然起了**狂风大浪**，像山一样的海浪把女娃的小船打翻了。女娃不幸落入海中，终被无情的大海吞没了，永远回不来了。炎帝固然痛念自己的小女儿，却不能私自用太阳光来照射她，使她死而复生。

　　女娃死了，她的精魂化作了一只小鸟，花脑袋，白嘴壳，红脚爪，发出"精卫、精卫"的悲鸣，所以，人们便叫此鸟为"精卫"。

精卫痛恨无情的大海夺去了自己年轻的生命，她立下了将大海填平的决心。因此，她从发鸠山上衔起石子，展翅高飞，一直飞到东海。她一刻不停地在波涛汹涌的海面上往来飞翔着，把石子树枝投下去。

大海奔腾着，咆哮着，嘲笑她："小鸟儿，算了吧，你这工作就算干一百万年，也休想把我填平！"

精卫在高空答复大海："只要我不停歇地坚持，我终将把你填平！"

精卫飞翔着、鸣叫着，离开大海，又飞回发鸠山去衔石子和树枝。她衔呀，扔呀，**成年累月**，往复飞翔，从不停息。后来，一只海燕飞过东海时无意间看见了精卫。他为她的行为感到**困惑不解**，但了解了事情的起因之后，海燕被精卫大无畏的精神打动，就与其结成了夫妻，生出许多小鸟，雌的像精卫，雄的像海燕。小精卫和她们的妈妈一样，也去衔石填海。直到今天，她们还在做着这样的

工作。

精卫**锲而不舍**的精神，善良的愿望，宏伟的志向，受到人们的尊敬。晋代诗人陶渊明在诗中写道："精卫衔微木，将以填沧海。"高度赞扬精卫小鸟敢于同大海抗争的悲壮战斗精神。后世人们也常常以"精卫填海"比喻意志坚决，不畏困难，顽强奋斗，勇于挑战。

品读与赏析

精卫发誓要把大海填平，不让生灵再遭大海的涂炭。她凭借的仅是一己之力，我们不禁要问："她是不是太不自量力了？"

其实，我国的古代还有很多类似的故事，比如《愚公移山》《铁杵磨针》等，无不讲述着一个道理：只要立下志向，并坚持做下去，终有一天会得到你想要的结果。

由此可见，"坚韧不拔""永不言弃"一直都是我们世代相传的民族精神，也是支撑我们中华民族屹立不倒的精神脊梁。

读书笔记

月下老人

名师导读

在我国古代神话故事中，月下老人是专门管人间姻缘的神。有句俗语称"千里姻缘一线牵"，讲的就是他的故事。现在就让我们看看，这位可爱的老人给我们带来了什么样的故事呢？

唐朝时，有一位名叫韦固的人。有一次，他到宋城去旅行，住宿在南店里。

一天晚上，韦固在街上闲逛，看到月光之下有一个老人**席地而坐**，正在那里翻一本又大又厚的书，而他身边则放着一个装满了红色绳子的大布袋。

韦固很好奇地过去问他说："老伯伯，请问您在看什么书呀？"那老人回答说："这是一本记载天下男女婚姻的书。"韦固听了以后更加好奇，就再问说："那您袋子里的红绳子，又是做什么用的呢？"老人微笑着对韦固说："这些红绳是用来系夫妻的脚的，不管男女双方是仇人或距离很远，我只要用这些红绳系在他们的脚上，他们就一定会结成夫妻。"

韦固听了，自然不会相信，以为老人是和他说着玩的。但是他对这古怪的老人，仍旧充满了好奇，当他想要再问他一些问题的时候，老人已经站起来，带着他的书和袋子，向米市走去，韦固也就跟着他走。

到了米市，他们看见一个盲妇抱着一个三岁左右的小女孩迎面走过来，老人便对韦固说："这盲妇手里抱的小女孩便是你将来的妻子。"

韦固听了很生气，以为老人故意开他玩笑，便叫家奴去把那小女孩杀掉，看她将来还会不会成为自己的妻子。家奴跑上前去，刺了女孩一刀以后，就立刻跑了。当韦固想要去找那老人算账时，却已经不见他的踪影了。

光阴似箭，转眼十四年过去了，这时韦固即将结婚。结婚对象是相州刺史王泰的掌上明珠，人长得很漂亮，只是眉间有一道疤痕。韦固觉得非常奇怪，于是便问他的岳父说："为什么她的眉间有疤痕呢？"

118

相州刺史听了以后便说："说来令人气愤，十四年前在宋城，有一天保姆陈氏抱着她从米市走过，有一个狂徒，竟然**无缘无故**地刺了她一刀，幸好没有生命危险，只留下这道伤疤，真是不幸中的万幸呢！"

韦固听了，愣了一下，十四年前的那段往事迅速地浮现在他的脑海里。他想：难道他就是自己命仆人刺杀的小女孩？于是便很紧张地追问说："那保姆是不是一个盲妇？"王泰看到女婿的脸色有异，且问得蹊跷，便反问他说："不错，是个盲妇，可是，你怎么会知道呢？"韦固证实了这件事之后，真是惊讶极了，一时间答不出话来，过了好一会儿才平静下来，然后把十四年前在宋城遇到月下老人的事全盘说出。

王泰听了，也感到惊讶不已。韦固这才明白月下老人的话，并非开玩笑，他们的姻缘真的是由上天做主的。

因此夫妇俩更加珍惜这段婚姻，过着恩爱的生活。不久这件事传到宋城，当地的人为了纪念月下老人的出现，便把南店改为"订婚店"。

名师指津
写出韦固听说事情真相后惊愕的样子。

品 读 与 赏 析

月下老人是掌管人间夫妻恩爱的神，据说被他牵上红线的男人和女人，将一生幸福恩爱。文章就为我们讲述了这样一个充满奇幻色彩的故事。

读书笔记

孙大圣替二郎神值班

名师导读

孙大圣替二郎神值班,老百姓求他解决的事情,他都解决了吗?

从前,某地有座杨二郎庙,来往燃香求保佑的人不少。一天,二郎神正和来访的孙悟空聊天,天神来到宣读了玉帝的圣旨,召他上天议半天事。孙悟空说:"我没事,等你回来再走,这里有什么事我替你办,不能办的事等你回来再说。"二郎神答应一声走了。

没过一会儿,来了几位农民摆上供菜,祷告说:"二郎神,地里庄稼旱得快死了,求您老人家下场雨。收成好了,给您唱三台戏。"许完愿,烧完香走了。孙悟空边吃供果边想:"好办。"刚要传雷公、雷母去行雨,又一伙人进庙,摆上供果祷告说:"二郎神,

俺这些船装的都是粮食，限期到京，请您老人家刮几天南风，让船行快些，甭误了期限，回来一定捎些好点心给您上供。"许过愿走了。孙悟空想："二郎在这还真受用，每天都有人送吃送喝。"

孙悟空刚想传风婆刮风，外面又来了两拨人，摆上供果。这一拨人说："二郎神，我们的黄姜刚收，求您老人家这两天别下雨，让太阳毒毒的，把姜晒干。等卖了钱，给您老人家**披红挂彩**。"另一拨人说："俺是果行的，满树都挂了果了，已经快熟了，求您老人家可别刮风。等果子收了，一定给您老人家再塑金身。"

这下可把孙悟空难住了：有的要下雨，有的不让下；有的要刮风，有的不让刮，真是为难。正想不出办法，正巧二郎神回来了，孙悟空把那些人求告的事都告诉了二郎神。

二郎神说："好办！夜间下雨，白天晒姜，风从河路走，不上果子行。"孙悟空听了，很佩服二郎神。

名师指津

孙悟空听到这些相互矛盾的请求，左右为难想不出解决办法。

名师指津

描写二郎神听完请求后，胸有成竹的样子。

122

品读与赏析

孙悟空第一次帮二郎神值班，就遇到了大大的难题。到底要不要下雨和刮风呢？文章多处运用语言描写，使故事节奏轻松明快。故事告诉我们这样一个道理：只要肯动脑筋，一定会找到解决难题的方法。

读书笔记

宝莲灯

中华民族传统美德中很重要的一部分就是孝敬父母、勇敢坚忍。故事中，沉香是怎么践行这些美德的？他的身上又有什么值得我们学习的地方呢？

汉代有个书生叫刘向，上京赶考时，顺道登华山一游。华山上有一座神庙，庙神华岳三娘是一位美丽善良的仙女，自从被王母派遣到华山后，一直过着孤独寂寞的生活。

这天，她正在庙中**欢歌曼舞**，消磨时光，突然发现一个书生跨进了庙门。她急忙登上莲花宝座，化为一尊塑像。

走进大殿的刘向，一眼就看到了三娘美丽、温柔、安闲的塑像。刘向被深深吸引住了，心想要是能娶她做妻子该多幸福啊！可惜这只是一尊没有情感知觉的塑像。刘向怀着深深的遗憾，抑制不住内心的激动，取出笔墨，深情地在墙上书写了自己对三娘的爱慕之情。

三娘默默地看着这一切，心中不禁百感交集。面前这个书生多么**英俊倜傥**，**文采斐然**，他对自己满怀深情，而自己又何尝不是被他深深吸引？可是，一个是上界仙女，一个是下界凡人，又哪能缔结姻缘呢？目送怅怅离去又依依不舍的刘向，三娘再也不能平静了。她沉吟再三，要与刘向结为夫妻。于是，三娘便化为一民间女子，追上刘向，向他道出了真情。从此二人两情依依，结为伉俪，恩爱无比。刘向考期将临，三娘已有孕在身，依依惜别之时，刘向赠给三娘一块祖传沉香，说日后生子可以"沉香"为名。二人十里相送，难舍难分。

刘向在京城一举中榜，被任命为扬州府巡按。就在他走马上任之时，华岳三娘却遭难了。

原来，这时正值王母娘娘生日，在天宫大办蟠桃会，各路神仙均来赴会祝寿，可是三娘有孕在身，便推托染病而留在华山。

谁知，真相被三娘的哥哥二郎神知道了。

二郎神**勃然大怒**，责怪妹妹私嫁凡人，触犯天条律令，要捉她上天受惩罚。三娘一身正气，毫不畏惧，况且她随身还有一件王母赠的宝物——宝莲灯。此物是三娘的镇山之宝，无

名师指津
描写三娘对刘向暗生情愫。

名师指津
写出二郎神与妹妹三娘斗法不敌，不惜使用了下流的手段，将三娘压在华山下的黑云洞中。接下来又会发生什么事情呢？

论哪路妖魔，哪方神仙，只要宝莲灯**大放异彩**，都会被震慑称服，**束手就擒**的。

二郎神自知不敌，就令自己的天犬趁三娘休息之际，将宝莲灯偷走。这样，可怜的三娘就被二郎神压在华山下的黑云洞中。三娘在暗无天日的洞中生下了儿子沉香，为防不测，她偷偷恳求夜叉，将儿子送到扬州，留在其父刘向身边。

沉香长大了，渐渐懂事了，知道了母亲被压在华山下受苦，就一心想救出母亲三娘。他把想法对父亲说了，无奈刘向也只是一介文弱书生，只有叹气摇头。于是沉香便独自离家，去找母亲。他吃尽了千辛万苦，终于走到了华山。可是母亲在哪里呢？这个只有八岁的孩子，不知所措，放声大哭起来。凄厉痛苦的哭喊声，在空谷回荡，惊动了路过此地的霹雳大仙。好心的大仙，问明情由，深为善良的三娘和受苦的孩子鸣不平，可是也无可奈何。于是他将沉香带回自己的住所。沉香在大仙的指点下，刻苦认真地学习，渐渐学会了六韬三略、百般武艺、七十三变。十六岁生日那天，沉香向师父辞行，要去华山救母。大仙称他有志气，并赠

126

给他一柄萱花开山神斧。

沉香腾云驾雾，来到华山黑云洞前。他大声呼唤娘亲，声声穿透重重岩层，传入三娘耳中。三娘不由心情激荡，百感在心。她知儿子已长大成人，怀着一片孝心来救自己，激动不已，就将沉香唤到洞前。三娘自知哥哥二郎神**神通广大**，当年大闹天宫的孙悟空也败在他手中；沉香又年幼，况且二郎神还盗取了宝莲灯，儿子哪能是他的对手呢？所以，三娘叫沉香去向舅舅求情。

沉香飞身来到二郎庙，向二郎神苦苦哀求。

谁知二郎神**铁石心肠**，不但不肯放出三娘，反而舞起三尖两刃刀，要向沉香下手。沉香怒不可遏，觉得二郎神**欺人太甚**，便抢起神斧，与他打起来。

两人云里雾里，刀来斧往，山里水里，变龙变鱼；从天上杀到地上，再从人间杀回天宫；直杀得山摇地动，江翻海倒，

名师指津

写出沉香与二郎神打斗的精彩画面。

127

天昏地暗。这件事惊动了太白金星，派了四位大仙去看个究竟。

四位大仙在云端里看了一阵，觉得二郎神身为舅舅，如此凶狠地对待一个孩子，太无情无义了。于是相互使了眼色，暗中助了沉香一臂之力。

沉香越斗越勇，越战越神，二郎神再也招架不住，只得**落荒而逃**，宝莲灯也回到了沉香之手。

沉香立即飞回华山，举起萱花开山神斧，奋力猛劈。只听得"轰隆隆"一声巨响，**地动山摇**，华山裂开了。沉香急忙找到黑云洞，救出了母亲。整整十六年，受尽了苦难的三娘才**重见天日**，她与儿子紧紧抱在一起，百感交集，泪流满面。

后来，二郎神向三娘、沉香认了错；沉香也被玉帝敕封了仙职。从此，三娘、刘向和他们的英雄儿子沉香全家团圆，永远幸福地生活在一起了。

品读与赏析

　　沉香为了救母亲苦练武功，终于打败了二郎神，劈开了华山，救出了母亲，最终一家人团聚。

　　沉香救母已经成为中国家喻户晓的故事了，沉香虽然年纪尚小，却敢于直面失去母亲的痛苦，并且坚强地生活。这种自立自强的精神，值得我们学习。

读书笔记

门神钟馗

相传，唐玄宗曾在骊山巡视士兵操练，回来后就染上了疟疾，整日郁郁寡欢，不思饮食，后来，实在太累了，就躺在龙床上沉沉睡去，恍惚中，做了一个梦……

名师指津
小鬼不同寻常的打扮预示着这个梦并不简单。

梦中，唐玄宗看到一个小鬼未经通报就闯进他的卧室。这个小鬼个子不高，一只脚穿着鞋，一只脚没穿鞋，腰带上挂着一只鞋和一把竹扇，全身上下就穿了一条红布兜裤。唐玄宗正在惊异，却见这个小鬼一点都不认生，完全当这里是自己家。一会拿走了杨贵妃的香袋和玄宗的玉笛，一会又像逗弄孩子似的拍 拍玄宗的头，捏捏玄宗的鼻子。

玄宗**暴跳如雷**，正要叫殿前武士来抓这个小鬼，忽然看到一个**人高马大**的鬼走了进来。这个鬼穿蓝袍，系

130

角带，蹬朝靴，脑袋上顶着一个**不伦不类**的破帽子。先前来的那个小鬼见了这个大鬼转身要逃，却被大鬼一把逮到，三下两下吃到肚中。

玄宗被这个鬼吓坏了，连忙问："你是谁?"

大鬼恭恭敬敬地向玄宗行了个礼，说道："我是钟南县的武进士钟馗，由于殿试落第，觉得没脸见关东父老，一头撞死在大殿上。高祖皇帝听说后，将我厚葬，我一直铭记在心。刚才看到虚耗在宫中作乱，就替陛下除掉了他。"

钟馗刚说完，玄宗**心头一震**，忽然醒了过来，疟疾也好了。

玄宗非常高兴，立刻派人叫来画家吴道子，让他依照梦里的钟馗作画。吴道子被后人誉为"画圣"，是个十分杰出的绘画大师。画完后，他把画像交给玄宗看，果然与梦里的一模一样。玄宗立刻传旨："钟馗力大无比，能驱魔镇妖，全国百姓在除夕之夜张贴其画像，可保佑全家平安。"

从此，除夕在门上贴钟馗的画像就成了一种传统。

品读与赏析

　　在钟馗身上，我们可以学到两种美德：一是降妖除魔，维护正义；二是知道感恩，能够知恩图报。

　　本文多处运用语言描写、外貌描写，将钟馗表面凶恶实则正直的形象体现得淋漓尽致，他维护正义、知恩图报的好品质，值得我们学习。

读书笔记

药泉

名师导读

> 五大连池是我国的风景名胜，它位于黑龙江省北部。在五大连池西南方，有一座药泉山。山脚下有洗眼泉、洗伤泉、药泉等好几个泉，这些泉都富含对人体有益的矿物质，被人们称为"圣水"。在很多年以前，当地的居民就发现这些泉水能够医治疾病。

在很久很久以前，药泉山附近住着一个名叫嘎拉桑白音的青年牧民，他**没日没夜**地给牧主干活，十分渴望自由。有一天，他想逃出牧主家，但是很不幸地被抓住了，被吊在马棚里狠狠地抽打。尽管被打得**伤痕累累**，但是坚强的嘎拉桑白音**一声不吭**，心里充满了对牧主的仇恨。

牧主打了很久，嘎拉桑白音伤得很重，牧主打累了，便放下鞭子，

133

回屋喝酒吃肉去了。这时，牧主家的农奴阿美其格趁着没人看守，就偷偷地从马棚里牵出一匹快马，悄悄地把嘎拉桑白音放下来，驮在马背上，准备救他走。原来，她和嘎拉桑白音早就偷偷相爱了。看到**遍体鳞伤**的心上人，阿美其格十分难过。善良的阿美其格下定决心要救出自己的爱人。

她紧紧地抱住嘎拉桑白音，给了马一鞭子，马扬起蹄子，一路疾驰而去。

牧主的猎狗听见了马蹄声，就"汪汪汪"地叫起来，牧主去马棚一看，嘎拉桑白音不见了，而且一匹快马也丢了。牧主明白嘎拉桑白音是被人救走了，他骑上马就追。阿美其格他们两个人骑一匹马，所以跑得慢。没一会儿牧主就追到了他们后面，紧紧地跟着他们。牧主拿出铁弓，搭上一支毒箭，射中了阿美其格的左腿，鲜血直涌。阿美其格忍住剧痛，扬手一鞭，马儿撒开腿跑得更快了。他们窜进了树林，一转眼就不见了。牧主追丢了他们，只好**垂头丧气**地回家去了。

在树林深处，阿美其格的左腿毒性发作，失去了知觉，和嘎拉桑白音一起掉下马来。

名师指津
阿美其格被箭射中了，为故事发展做了铺垫。

134

第二天早上，嘎拉桑白音被早晨的露水弄醒了。他看见了身旁的阿美其格，发现她腿上中了箭，再一看伤口乌黑，嘎拉桑白音明白这是毒箭。他急忙拔下毒箭，用嘴猛吮她的伤口，想把箭毒吸出来，但是毒性已经流遍她的全身了。他拼命地吮，也不见阿美其格醒过来。他觉得嘴里火辣辣的，十分想喝水。这时，嘎拉桑白音发现附近有一个水坑，他正要起身，突然看见一头后腿受伤的小鹿从山上跑了下来。它**一瘸一拐**地跳进了水坑。没一会儿，小鹿从水坑里爬了上来，奇怪的事情发生了，它的腿伤全好了！嘎拉桑白音十分惊讶，这时，小鹿又蹦蹦跳跳地跑到另一眼泉水喝了几口水，然后撒个欢，飞快地跑掉了，一转眼就消失在丛林里。

嘎拉桑白音明白了，这泉水肯定有医伤治

135

病的作用。于是他就急忙把阿美其格抱在怀里，**步履维艰**地来到水坑旁边。嘎拉桑白音**小心翼翼**地撕开阿美其格左腿的裤脚，用坑里的水给她洗伤口。奇迹出现了，阿美其格很快就清醒了过来，腿上的箭伤也愈合了，连伤口都没有留下。嘎拉桑白音惊喜万分，他自己也跳下水去，没一会工夫，他全身的鞭伤就全都好了，一个伤口都没有留下。嘎拉桑白音想起了小鹿还在隔壁的泉里喝过水，就急忙拉着阿美其格来到那眼泉水前。只见泉水**清澈见底**，亮晶晶的仿佛一块明镜，泉水里还不停地冒出一串串气泡。他俩也喝了几口泉水，泉水入口，一股清凉之气直冲脑门，两人顿感全身都有劲了。原来，这是药泉啊，是大自然赐予人类的珍贵宝藏啊！

　　他们俩决定把这个消息告诉牧场上的所有牧民，让大家都能享用到这大自然的恩赐。于是，两人就在泉水附近留下了明显的记号。然后骑上马奔波于各个牧场，把药泉的位置告诉了大家。从此以后，药泉的名字就流传开了。

　　后来，人们把五月定为"药泉会"，这是因为阿美其格和嘎拉桑白音得救是在五月。从此以后，牧民们在每年五月都会赶着大篷车前来赴会，一直住到六月。他们每天喝完泉水后，就**载歌载舞**，庆祝大自然赐予了他们如此珍贵的宝泉。

品读与赏析

嘎拉桑白音用药泉治好了阿美其格的伤，但是他们没有把这个发现藏匿起来，而是和大家一起分享，最后得到了大家的爱戴。

读书笔记

望夫石的传说

名师导读

出海时难免会遇到各种风浪，有时是灾难，有时是奇遇。海郎这天出海就遇到了不可思议的事……

从前有个渔夫叫海郎，一天，他跟着大伙儿一起去打鱼。天有不测风云，突然**阴风阵阵**，大海咆哮，大伙儿被大浪打翻在大海的深处。只有幸运的海郎没死，他躺在一块烂木板上，晕过去了。大海当木板是球，推来推去，木板最终漂到一个小岛上，海郎只好孤独一人生活在这片孤岛上。

一天，他出来散步，在岸边救了一条小石斑鱼，把它放回大海里。原来那条小石斑鱼是海龙王的女儿，小石斑鱼决定变成人类到海郎身边生活。

小石斑鱼来到海郎的房门前，海郎出来，看了看，说："这位姑娘你是谁，你是怎样漂

名师指津

此处天气突变，写出海郎等人遇到的危险，从而引出下文。

名师指津

寥寥数语表现出海郎是一个纯真善良的人。

到这片孤岛来的?"

小石斑鱼说:"你还记不记得,你在海边救过一条小石斑鱼,那是我,我是海龙王的女儿,我想感谢你。"

"海龙王的女儿。"海郎惊讶地说。

后来,他们结为夫妻,过着幸福的生活,还生了一个胖娃娃,叫凡龙。但是幸福的生活没过多久,海龙王出门回来了,到处找不到女儿,打听到她和一位叫海郎的人生活在一起,**大发雷霆**,然后变成一位满头白发的老头,来到海郎家大骂,说:"女儿,你要是不跟我走,我就让海郎生不如死,我给你三天时间考虑。"

三天过去了,海龙王带着虾兵蟹将来到海郎家,海郎和小石斑鱼不肯分离。海龙王命令虾兵蟹将把海郎带走,小石斑鱼抱着凡龙走出门外,爬上一座高山,望着海郎远走,流下了眼泪。最后,小石斑鱼变成了石头,大家都叫它"望夫石"。

名师指津
此句为过渡句,为下文两人的分离埋下伏笔。

名师指津
表达了小石斑鱼的伤心与绝望。

品读与赏析

《望夫石的传说》是一个凄美的爱情神话故事，小石斑鱼与海郎原本是一对恩爱的夫妻，却因人神身份的不同而分离，实在令人叹惋。

读书笔记